AF257201

RECHERCHES ANTHROPOLOGIQUES

DANS LA

BERBÉRIE ORIENTALE

TRIPOLITAINE, TUNISIE, ALGÉRIE

———

TOME DEUXIÈME

ALBUM DE 174 PORTRAITS ETHNIQUES

RECHERCHES ANTHROPOLOGIQUES

DANS LA

BERBÉRIE ORIENTALE

TRIPOLITAINE, TUNISIE, ALGÉRIE

PAR

L. BERTHOLON
Docteur en médecine,
Secrétaire général de l'Institut de Carthage,
Ex-médecin-major de l'armée.

E. CHANTRE
Docteur ès sciences,
Secrétaire général de la Société d'anthropologie de Lyon,
Sous-directeur honoraire du Muséum.

*Ouvrage honoré de subventions
par les Gouvernements Tunisien et Algérien, par l'Académie des Sciences, Belles-Lettres et Arts de Lyon
et par l'Association française pour l'avancement des Sciences.*

TOME DEUXIÈME

ALBUM DE 174 PORTRAITS ETHNIQUES

LYON

A. REY, IMPRIMEUR-ÉDITEUR

4, RUE GENTIL, 4

1912

DESCRIPTIONS SOMMAIRES

DES

TYPES ETHNIQUES FIGURÉS DANS LES PLANCHES

Les lettres et numéros placés entre parenthèses
après les noms de tribus indiquent, ainsi que les noms géographiques qui suivent,
leurs situations sur les cartes contenues dans le tome premier.

	TAILLE	INDICE CÉPHALIQUE	INDICE NASAL
PLANCHE I			
Teniet-El-Haad [B, 3. *Algérie*]	2m81	78,12	73,91
Milliana [B, 2. —]	1m55	76,65	64,81
Orléansville [— —]	1m67	77,55	69,28
PLANCHE II			
Ouled-Robaya [C, 2. *Berrouaghia*]	1m75	74,48	75,00
Ouled-Ferguen [— —]	1m74	74m45	63,64
Ouled-Ouzera [— —]	1m75	75,00	64,00
PLANCHE III			
Beni-Atlili [C, 2. *Berrouaghia*]	1m62	75,00	66,65
Ouled-Sidi-Madji [— —]	1m81	72,72	72,91
Ouled-Ouzera [— *Médéa*]	1m75	71,06	76,00
PLANCHE IV			
Ouled-Roumana [E, 3. *Bou-Saada*]	1m71	73,60	66,00
Ouled-Aissa [— —]	1m67	74,74	78,22
Ouled-Sidi-Aissa [D, 4. *Chellala*]	1m70	77,08	62,85
PLANCHE V			
Ouled-Nail [D, 4, 5. *Djelfa*]	1m77	80,41	72,91
[— —]	1m73	75,78	76,00
Ouled-Hamza [C, 3. *Boghari*]	1m64	71,71	64,00

PLANCHE VI

	TAILLE	INDICE CÉPHALIQUE	INDICE NASAL
Mozabite [D, C. *Ghardaija*]	1ᵐ69	75,89	62,50
— [— —]	1ᵐ66	74,74	67,30
— [— —]	1ᵐ63	76,53	76,00

PLANCHE VII

	TAILLE	INDICE CÉPHALIQUE	INDICE NASAL
Kabyle [D, 2. *Palestro*].	1ᵐ61	73,30	80,00
— [— —].	1ᵐ67	74,22	77,27
Ouagha [I, 2. *Le Kef, Tunisie*]	1ᵐ65	71,71	68,75

PLANCHE VIII

	TAILLE	INDICE CÉPHALIQUE	INDICE NASAL
Kabyle [E, 2. *Sidi-Aïch*]	1ᵐ69	76,59	71,69
— [— *El-Kseur*]	1ᵐ70	74,47	59,61
— [— —]	1ᵐ70	76,76	62,74

PLANCHE IX

	TAILLE	INDICE CÉPHALIQUE	INDICE NASAL
Kabyle [D, 2. *Tizi-Ouzou*]	1ᵐ65	77,83	72,32
— [— *Fort-National*].	1ᵐ60	80,00	71,11
— [F, 2. *Djidjeli*]	1ᵐ67	75,13	65,38

PLANCHE X

	TAILLE	INDICE CÉPHALIQUE	INDICE NASAL
Kabyle [D, 2. *Dra-El-Mizan*]	1ᵐ62	73,73	76,00
— [G, 2. *Arb-Estaya, Sidi-Meserich*] . . .	1ᵐ77	71,40	63,64
— [F, 2. *Beni-Hameran, Taher*].	1ᵐ73	79 38	65,30

PLANCHE XI

	TAILLE	INDICE CÉPHALIQUE	INDICE NASAL
Beni-Sliman [D, 2. *Vers Bouhira*]	1ᵐ65	76,60	63,66
— [— *Oued-Marsa*]	1ᵐ66	80,77	66,67
Beni-Ouarta [— —]	1ᵐ62	80,00	66,00

PLANCHE XII

	TAILLE	INDICE CÉPHALIQUE	INDICE NASAL
Ain-Tabia [G, 2. *Vers Collo*]	1ᵐ72	76,28	64,15
Beni-Ouelban [— —].	1ᵐ68	71,29	66,00
— [— —].	1ᵐ63	75,91	62,00

PLANCHE XIII

	TAILLE	INDICE CÉPHALIQUE	INDICE NASAL
Arb-El-Gouffi [G, 2. *Vers Collo*].	1ᵐ62	78,19	68,75
Ounifa [— —]	1ᵐ68	75,13	67,30
— [— —]	1ᵐ69	71,67	67,39

PLANCHE XIV

		TAILLE	INDICE CÉPHALIQUE	INDICE NASAL
KROUBS	[G, 2. *Algérie*]	1ᵐ70	72,82	59,26
JEMMAPES	[— —]	1ᵐ64	74,00	61,53
OULED-SLIMAN	[D, 2. *Oued-Marsa*]	1ᵐ68	79,46	72.92

PLANCHE XV

		TAILLE	INDICE CÉPHALIQUE	INDICE NASAL
BORDJ-BOU-ARRERIDJ	[E, 2. *Algérie*]	1ᵐ70	74,78	64,81
AÏN-TOUTA	[— *Hodna*]	1ᵐ70	76,04	92,00
EL-ARROUCH	[G, 2. *Algérie*]	1ᵐ70	73,47	66,46

PLANCHE XVI

		TAILLE	INDICE CÉPHALIQUE	INDICE NASAL
BARIKA	[F, 3. *Hodna*].	1ᵐ73	77,83	70,00
MSILA	[E, 3. —].	1ᵐ90	76,75	77,92
—	[— —].	1ᵐ70	75,79	70,37

PLANCHE XVII

		TAILLE	INDICE CÉPHALIQUE	INDICE NASAL
CHAOUIA	[F, 3. *El-Abiad-Aourès*]	1ᵐ79	75,69	75,55
—	[— *Aïn-Mlila*, —]	1ᵐ69	77,48	72,93
—	[— *Bouzina*, —]	1ᵐ68	77,42	81,82

PLANCHE XVIII

		TAILLE	INDICE CÉPHALIQUE	INDICE NASAL
OULED-CHIEBNA	[H, 2. *La Calle, Algérie*] . . .	1ᵐ72	72,50	72,92
OULED-SRIBA	[— *Bône* —] . . .	1ᵐ64	71,35	72,00
OULED-NACEUR	[— *La Calle* —] . . .	1ᵐ65	81,38	66,66

PLANCHE XIX

		TAILLE	INDICE CÉPHALIQUE	INDICE NASAL
NEFZA	[I, 2. *Beja, Tunisie*]	1ᵐ63	73,71	80,00
KROUMIR	[— *Aïn-Draham, Tunisie*] .	1ᵐ86	78,84	67,34
OULED-HOUAMEDIA	[— *Tabarka*, —].	1ᵐ66	76,59	68,33

PLANCHE XX

		TAILLE	INDICE CÉPHALIQUE	INDICE NASAL
KROUMIR	[I, 2. *Aïn-Draham, Tunisie*]	1ᵐ57	77,58	81,85
—	[— — — —]	1ᵐ59	71,94	67,34
CHAOUIA	[F, 3. *Bouzina, Aourès*]	1ᵐ55	79,71	63,83

PLANCHE XXI

		TAILLE	INDICE CÉPHALIQUE	INDICE NASAL
OULED-AYAR	[I, 3. *Maktar, Tunisie*]	1ᵐ81	73,57	78,26
—	— [— — —]	1ᵐ71	70,20	69,23
ARB-ESTAYA	[G, 1 et 2. *Sidi-Meserich, Algérie*] .	1ᵐ77	71,40	63,64

	TAILLE	INDICE CÉPHALIQUE	INDICE NASAL
PLANCHE XXII			
DRID [I. 2. *Le Kef, Tunisie*]	1m56	73,33	62,74
OULED-AYAR [I. 3. *Maktar* —]	1m62	71,27	61,90
ZLASS [J. 3. *Kairouan,* —]	1m60	77,10	62,74
PLANCHE XXIII			
OUAGHA [J, 2. *Tunisie*]	1m49	71,65	74,46
OUARTAN [I, 3. —]	1m50	66,88	70,45
OULED-BOU-SALEM [I, 2. —]	1m60	76,68	65,95
PLANCHE XXIV			
HAMMÉMA [J. 1. *Mateur, Tunisie*]	1m50	80,11	79,67
DJENDOUBA [I. 2. *Souk-El-Arba*]	1m51	76,10	65,95
OULED-SLIMAN [— — —]	1m49	78,37	71,43
PLANCHE XXV			
OULED-BOUGHANEM [I. 3. *Le Kef, Tunisie*]	1m70	68,26	67,36
KHEMEMSA [— — —]	1m74	79,79	67,31
FRÉCHICH [I, 1. *Talak,* —]	1m72	73,36	65,38
PLANCHE XXVI			
FRÉCHICH [I. 3. *Talak, Tunisie*]	1m59	81,35	65,95
— [— — —]	1m65	71,81	82,50
— [— — —]	1m59	76,95	80,95
PLANCHE XXVII			
BARGOU [I, 2. *Tunisie*]	1m68	75,26	83,38
OULED-AOUN [I, 3. J, 2. *Maktar, Tunisie*]	1m65	76,28	62,50
— [— — —]	1m66	75,30	68,39
PLANCHE XXVIII			
BENI-KIAR [K, 2. *Cap Bon*]	1m75	68,87	68,74
METLINE [J, 1. *Vers Bizerte*]	1m65	72,95	82,61
BIZERTE [— —]	1m73	79,35	78,84
PLANCHE XXIX			
NEBEUL [K, 2. *Cap Bon*]	1m63	75,53	74,42
GROMBALIA [— —]	1m68	75,13	65,45
HAMAMET [— —]	1m57	81,11	79,54

PLANCHE XXX

	TAILLE	INDICE CÉPHALIQUE	INDICE NASAL
ZAGHOUAN [I, 2. *Tunisie*]	1ᵐ62	71,12	67,31
ZLASS [J, 3. *Kairouan*]	1ᵐ67	76,56	70,00
NEFET [J, 4. *La Skira, vers Sfax*]	1ᵐ65	76,04	68,00

PLANCHE XXXI

	TAILLE	INDICE CÉPHALIQUE	INDICE NASAL
SOUASSI [K, 3. *El-Djem*]	1ᵐ72	72,59	67,86
— [— —]	1ᵐ68	75,53	70,00
OULED-SAÏD [J, K, 3. *Enfida*]	1ᵐ67	75,91	62,75

— PLANCHE XXXII

	TAILLE	INDICE CÉPHALIQUE	INDICE NASAL
SOUASSI [K, 3. *Hamam-Soussa*] . . .	1ᵐ63	79,46	80,00
MENZEL-BOU-ZELFA [K, 2. *Cap Bon*]	1ᵐ48	71,95	68,49
— — [— —]	1ᵐ58	75,12	68,72

— PLANCHE XXXIII

	TAILLE	INDICE CÉPHALIQUE	INDICE NASAL
METELLIT [J, 3. *Sfax, Tunisie*]	1ᵐ59	77,54	58,35
TEBOULBA [K, 3. — —]	1ᵐ61	75,97	58,33
OULED-SAÏD [J, R, 2. *Enfida*]	1ᵐ57	83,14	72,87

— PLANCHE XXXIV

	TAILLE	INDICE CÉPHALIQUE	INDICE NASAL
TAMERZA [H, 4. *Tunisie*]	1ᵐ61	72,87	71,43
KSAR-DE-GAFSA [I, 4. —]	1ᵐ68	76,92	66,66
— — [— —]	1ᵐ66	77,04	80,95

PLANCHE XXXV

	TAILLE	INDICE CÉPHALIQUE	INDICE NASAL
EL-OUDIAN [H, 5. *Tozeur*]	1ᵐ89	74,87	78,26
DEGACHE [— —]	1ᵐ72	86,16	76,19
— [— —]	1ᵐ72	77,66	76,08

— PLANCHE XXXVI

	TAILLE	INDICE CÉPHALIQUE	INDICE NASAL
EL-GUETAN [I, 4. *Tozeur*]	1ᵐ57	74,15	76,19
MENZEL [J, 5. *Gabès*]	1ᵐ52	77,40	66,66
DEGACHE [H, 5. *Tozeur*]	1ᵐ56	76,11	66,95

PLANCHE XXXVII

	TAILLE	INDICE CÉPHALIQUE	INDICE NASAL
OULED-ATIA [K, 5. *Medenine*]	1ᵐ69	76,68	71,00
HAMAMA [I, 4. *Gamouda*]	1ᵐ70	81,15	64,51
SAKET [I, 4. *Gafsa*]	1ᵐ64	64,54	72,00

	TAILLE	INDICE CÉPHALIQUE	INDICE NASAL

PLANCHE XXXVIII

	TAILLE	INDICE CÉPHALIQUE	INDICE NASAL
NEFZAOUA [I, 5. *Kebili*]	1ᵐ70	71,00	83,93
OULED-MAAMEUR [I, 4. *Gafsa*]	1ᵐ79	75,51	66,66
NEFZAOUA [I, 5. *Kebili*]	1ᵐ68	75,25	83,33

PLANCHE XXXIX

	TAILLE	INDICE CÉPHALIQUE	INDICE NASAL
BENI-ZID [J, 5. *El-Hama*]	1ᵐ69	77,72	68,08
OULED-MAAMEUR [H, 4. *Gafsa*]	1ᵐ75	83,24	64,00
OULED-BELKASSEM [K, 5. *Medenine*]	1ᵐ73	73,23	68,42

PLANCHE XL

	TAILLE	INDICE CÉPHALIQUE	INDICE NASAL
HOUMT-SOUK [K, 5. *Ile de Gerba*]	1ᵐ67	77,66	72,54
AGIM [— — —]	1ᵐ65	83,43	73,46
KHOMS-OFFAR [— — —]	1ᵐ64	82,44	71,15

PLANCHE XLI

	TAILLE	INDICE CÉPHALIQUE	INDICE NASAL
TOUAZINE [K, 5. *Medenine*]	1ᵐ71	78,64	61,54
— [— —]	1ᵐ85	78,57	81,05
DJELIDAT [— *Tataouine*]	1ᵐ65	77,00	78,26

PLANCHE XLII

	TAILLE	INDICE CÉPHALIQUE	INDICE NASAL
DOUIRET [J, 5. *Tunisie*]	1ᵐ73	77,55	67,32
— [— —]	1ᵐ73	70,70	71,43
MATMATA [— —]	1ᵐ70	75,89	70,00

_ PLANCHE XLII *bis*

	TAILLE	INDICE CÉPHALIQUE	INDICE NASAL
MATMATA [J, 5. *Tunisie*]	1ᵐ60	77,17	70,83
GHARIAN [M, 6. *Tripolitaine*]	1ᵐ54	77,91	76,59
GHOUMERACEN [J, 5. *Tunisie*]	1ᵐ65	74,74	70,83

_ PLANCHE XLIII

	TAILLE	INDICE CÉPHALIQUE	INDICE NASAL
LA MÉCHIA [M, 6. *Tripoli*]	1ᵐ54	73,62	64,58
ACCARA [K, 5. *Zarzis*]	1ᵐ49	82,19	74,42
NEFZAOUA [I, 5. *Kebili*]	1ᵐ61	73,57	75,16

PLANCHE XLIV

	TAILLE	INDICE CÉPHALIQUE	INDICE NASAL
GHARIAN [M, 6. *Tripolitaine*]	1ᵐ75	75,00	71,15
— [— —]	1ᵐ71	74,11	70,59
— [— —]	1ᵐ72	75,77	64,15

	TAILLE	INDICE CÉPHALIQUE	INDICE NASAL
PLANCHE XLV			
TARAHONA [M, G. *Tripolitaine*]	1ᵐ69	76,16	82,00
— [— —]	1ᵐ65	77,25	70,00
METTELLIT [J, 3 et 4. *Tunisie*]	1ᵐ68	81,96	72,72
PLANCHE XLVI			
MESALATA [M, 6. *Tripolitaine*]	1ᵐ78	74,74	74,00
MESRATA [— —]	1ᵐ70	79,16	68,00
MESALATA [— —]	1ᵐ67	77,38	66,66
PLANCHE XLVII			
BISKRA [F, 4. *Algérie*]	1ᵐ66	75,33	76,92
OULED-SIDI-KEBIL [— —]	1ᵐ63	73,30	84,44
ZIBAN [— —]	1ᵐ75	77,08	71,47
PLANCHE XLVIII			
BENI-BRAHIM [E, 7. *Ouargla*]	1ᵐ68	77,05	95,58
BENI-ANIN [— —]	1ᵐ74	74,61	88,00
BENI-SISSIN [— —]	1ᵐ66	74,60	76,08
PLANCHE XLIX			
EL-GUETAN [I, 4. *Tunisie*]	1ᵐ78	78,78	72,00
SOUF [G, 5. *Algérie*]	1ᵐ75	71,35	79,07
OUED-GHIR [F, 5. —]	1ᵐ68	71,43	70,83
PLANCHE L			
SIDI-OKBA [F, 4. *Algérie*]	1ᵐ76	77,08	66,00
TOUGOURT [F, 5. —]	1ᵐ67	77,32	68,75
OUED-GHIR [— —]	1ᵐ64	66,31	79,72
PLANCHE LI			
TOUAREG-AZDJER [*Tripolitaine*]	1ᵐ70	68,26	79,72
— — [—]	1ᵐ71	70,64	72,00
— — [—]	1ᵐ68	71,14	66,67
PLANCHE LII			
GHAT [*Tripolitaine*]	1ᵐ73	75,91	100,00
— [—]	1ᵐ76	82,27	100,00
GHADAMÈS [—]	1ᵐ65	74,73	69,81

PLANCHE LIII

	TAILLE	INDICE CÉPHALIQUE	INDICE NASAL
MOURZOUK [Fezzan]	1m54	77,77	100,00
AGHAR-DE-CHATY [—]	1m63	78,46	102,21
CHATY [—]	1m61	78,48	88,89

PLANCHE LIV

	TAILLE	INDICE CÉPHALIQUE	INDICE NASAL
ABECHER [Ouadaï]	1m64	73,40	88,89
TIBBOU [Bardaï]	1m80	78,72	102,21
KANOURI [Bornou]	1m73	76,92	104,96

PLANCHE LV

	TAILLE	INDICE CÉPHALIQUE	INDICE NASAL
ABECHER [Ouadaï]	1m52	74,17	100,00
KANOURI [Bornou]	1m54	72,72	105,26
TIBBOU [Bardaï]	1m54	67,70	89,61

PLANCHE LVI

	TAILLE	INDICE CÉPHALIQUE	INDICE NASAL
HAOUSSA [Kano]	1m69	74,48	97,56
ABOUGHER [Baghermi]	1m83	82,44	104,65
HAOUSSA [Sokoto]	1m69	74,73	93,75

PLANCHE LVII

	TAILLE	INDICE CÉPHALIQUE	INDICE NASAL
MANEMI [Baghermi]	1m59	73,37	102,71
ABOUGHER [—]	1m77	79,46	95,43
MANEMI [—]	1m67	75,13	100,00

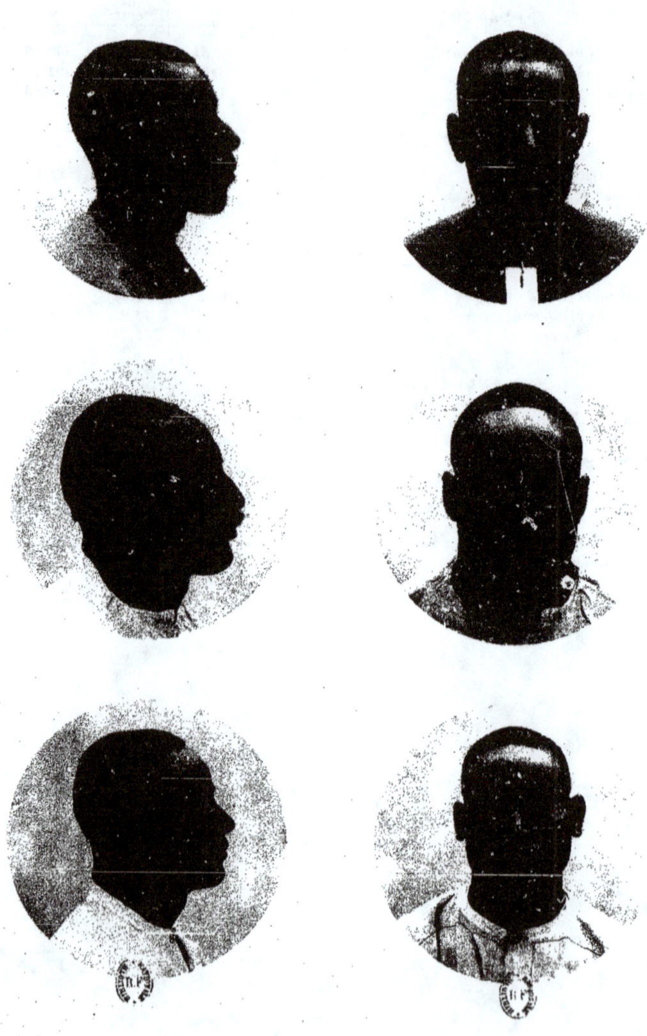

PLANCHE I

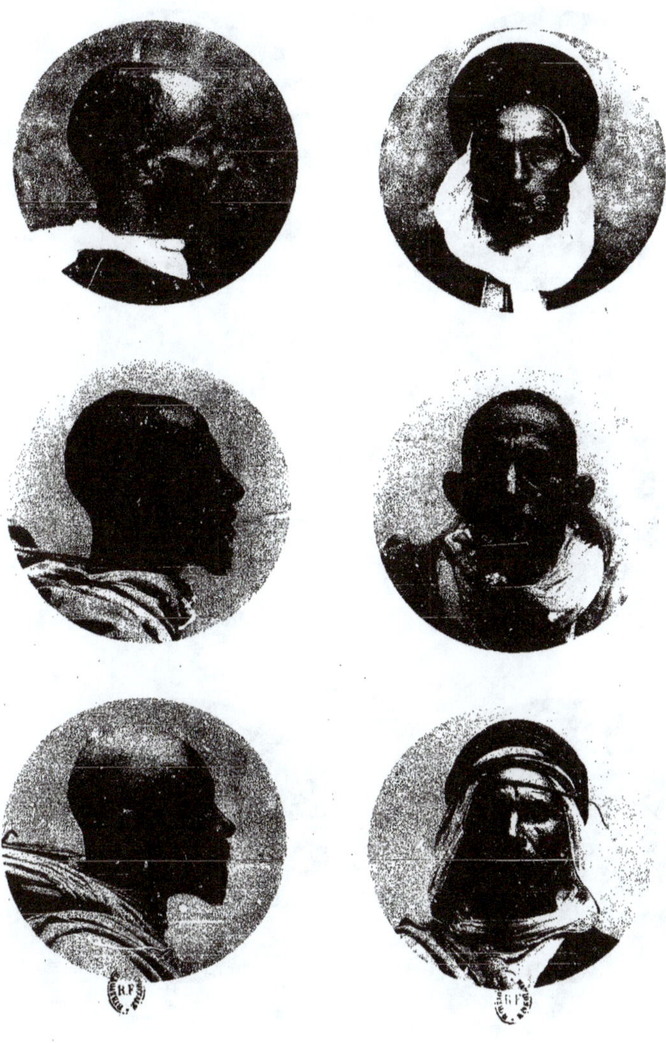

PLANCHE II

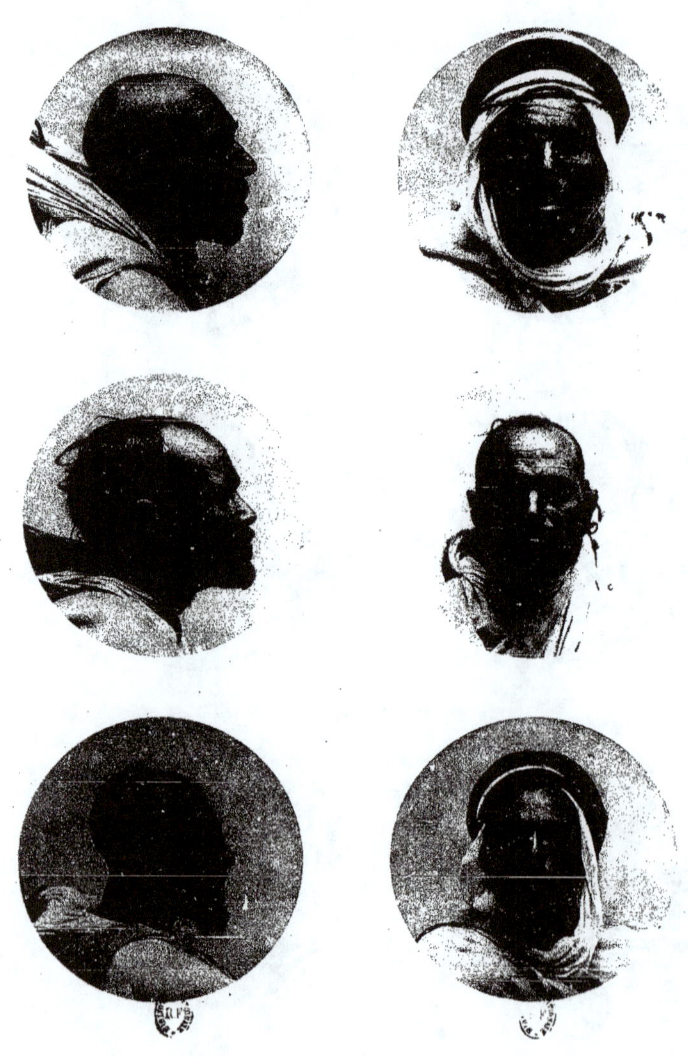

PLANCHE III

PLANCHE IV

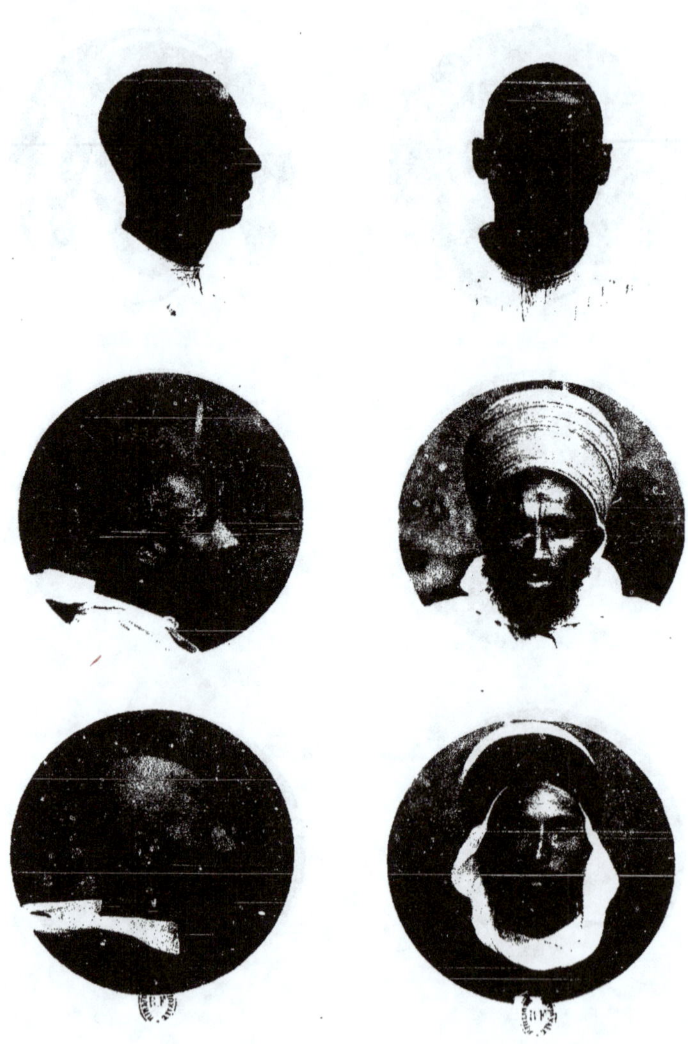

PLANCHE V

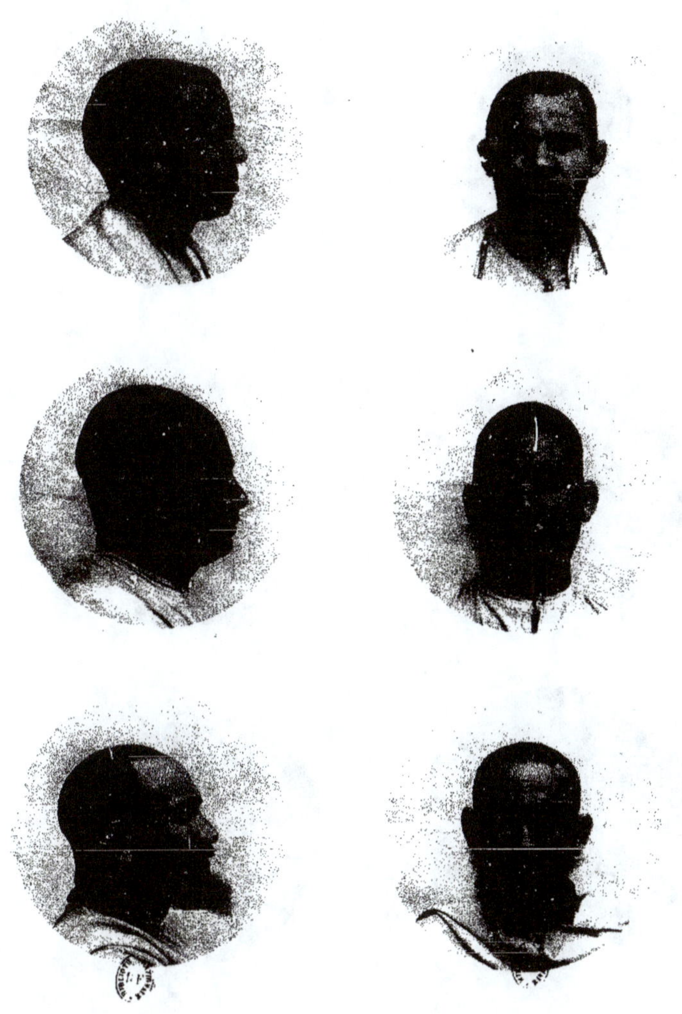

PLANCHE VI

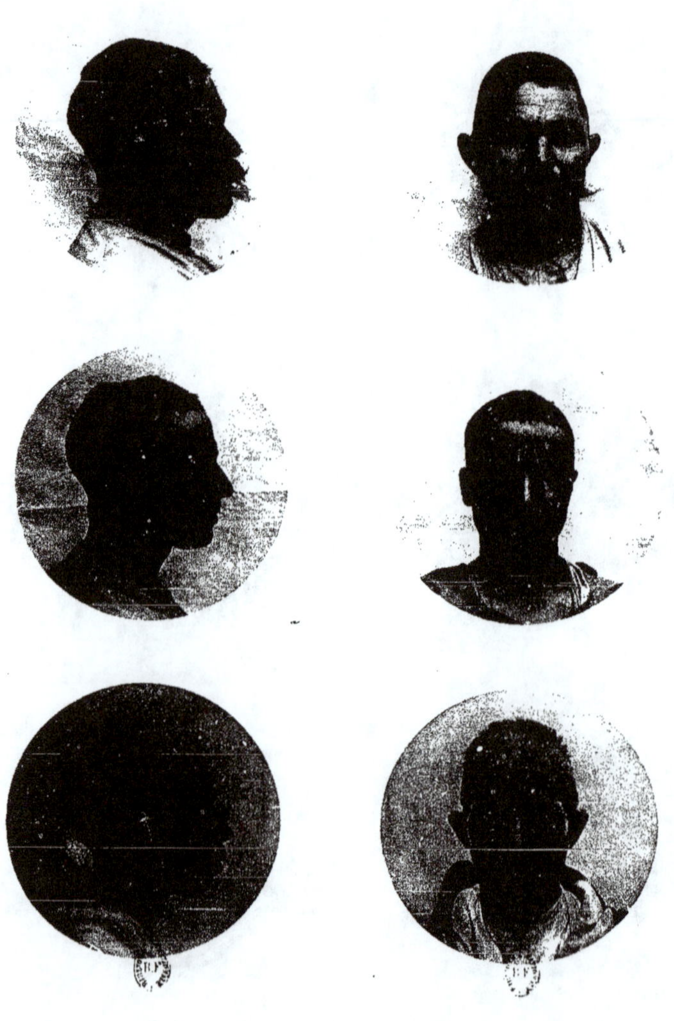

PLANCHE VII

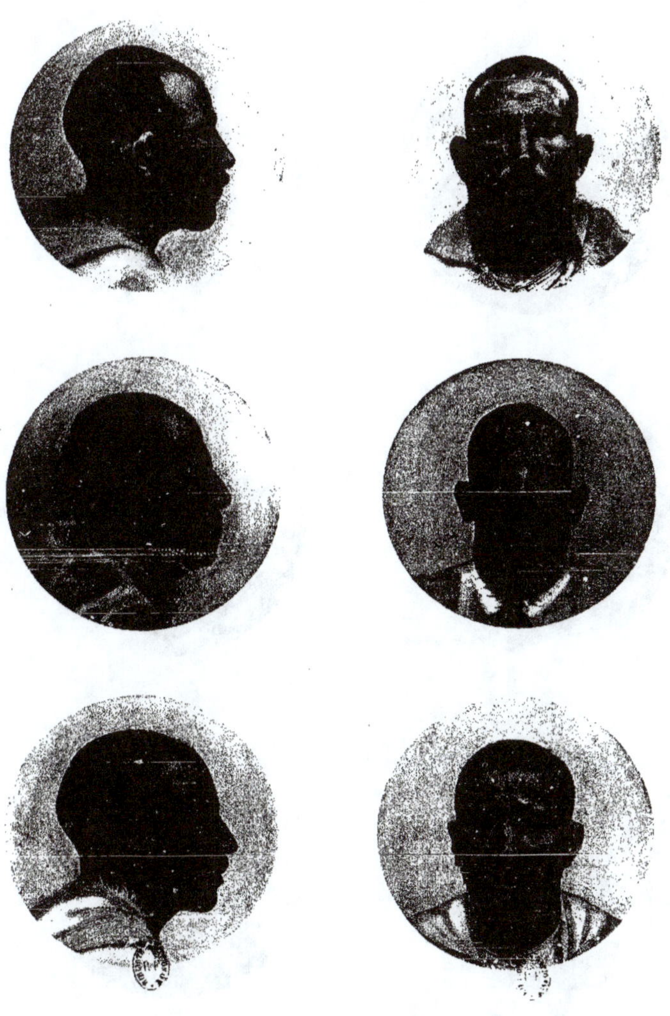

PLANCHE VII

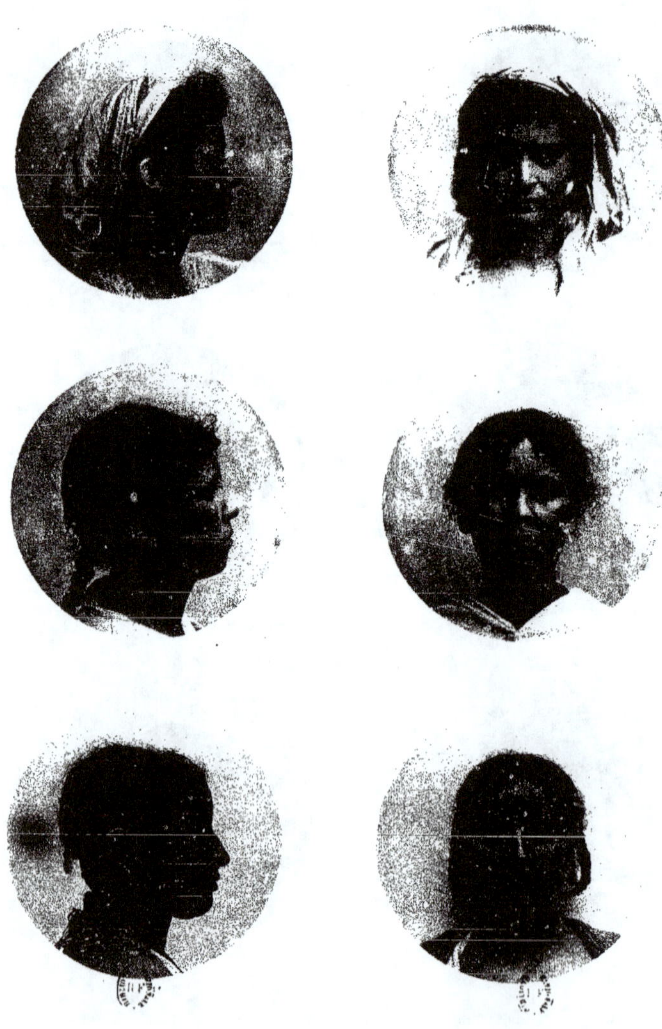

PLANCHE IX

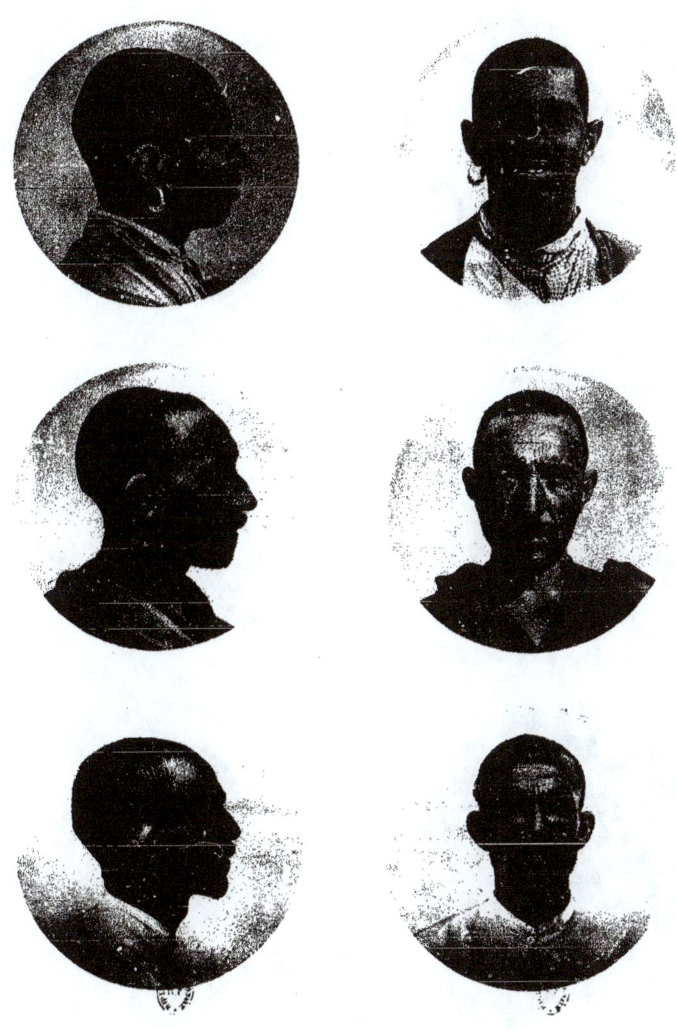

PLANCHE X

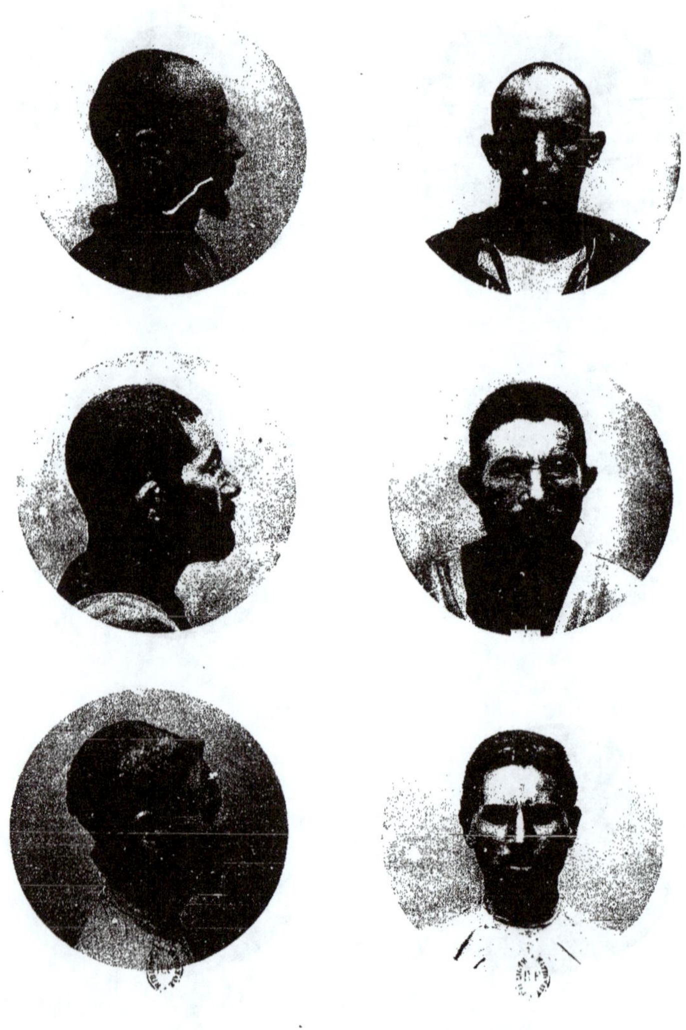

PLANCHE XI

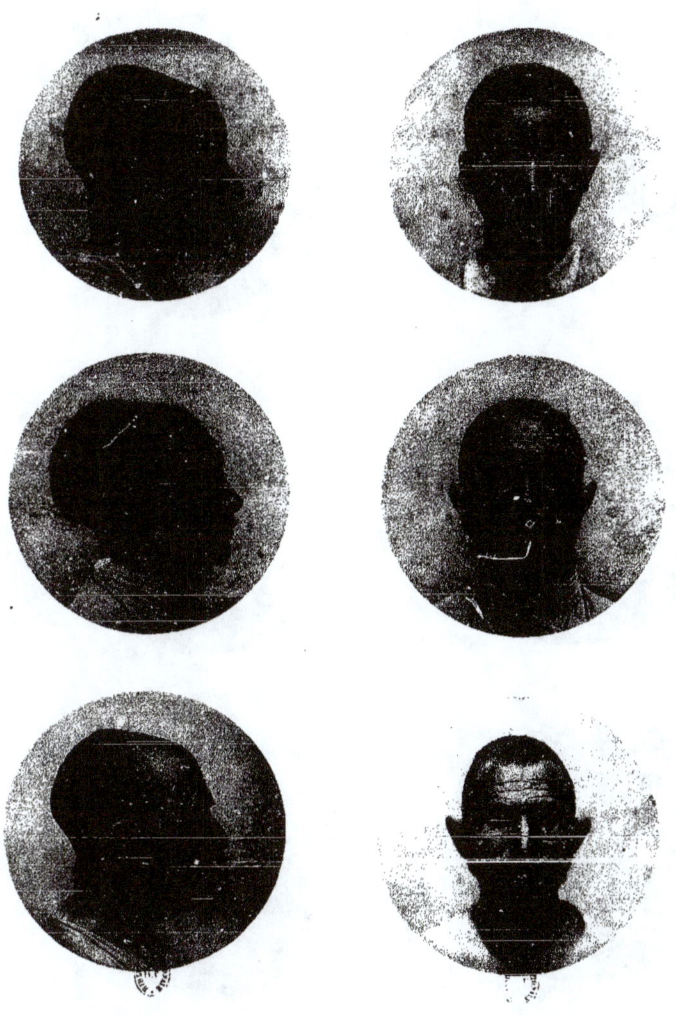

PLANCHE XII

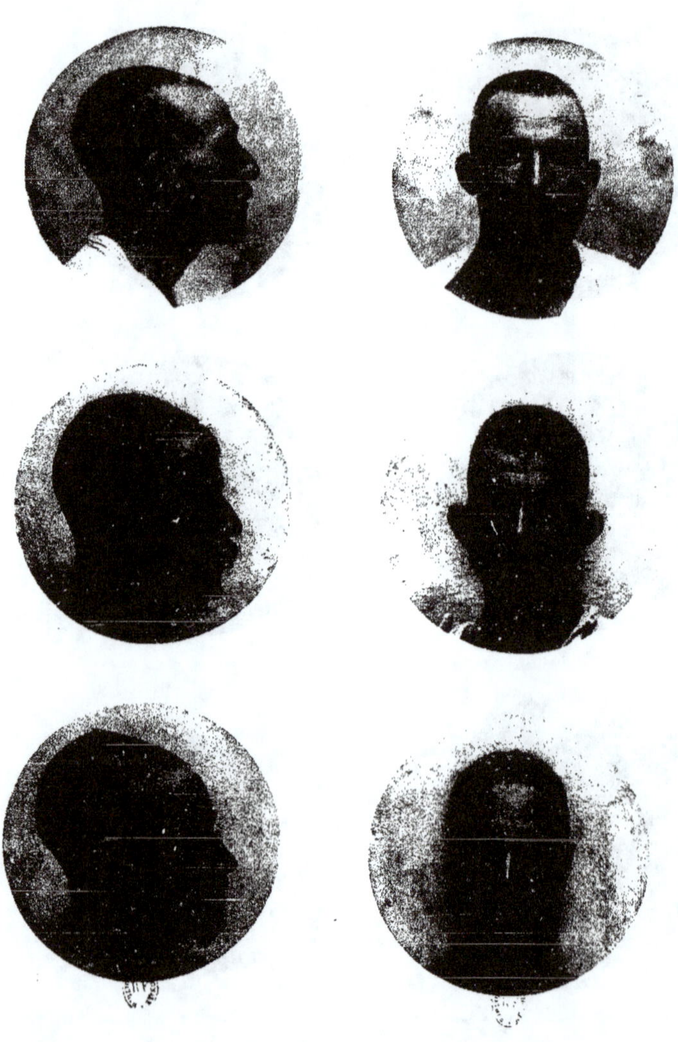

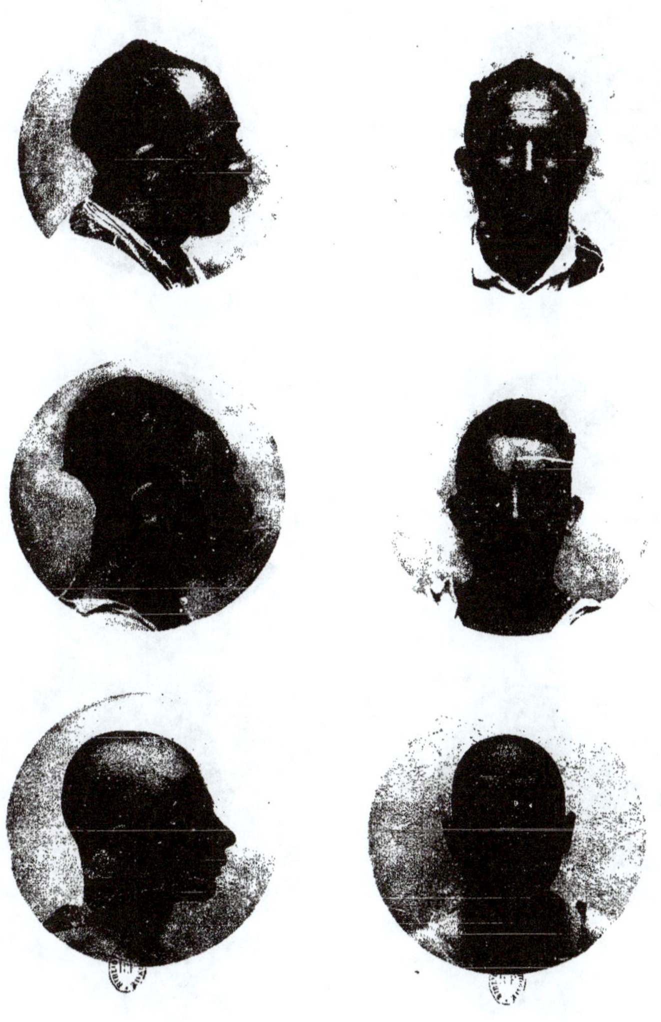

PLANCHE XIV

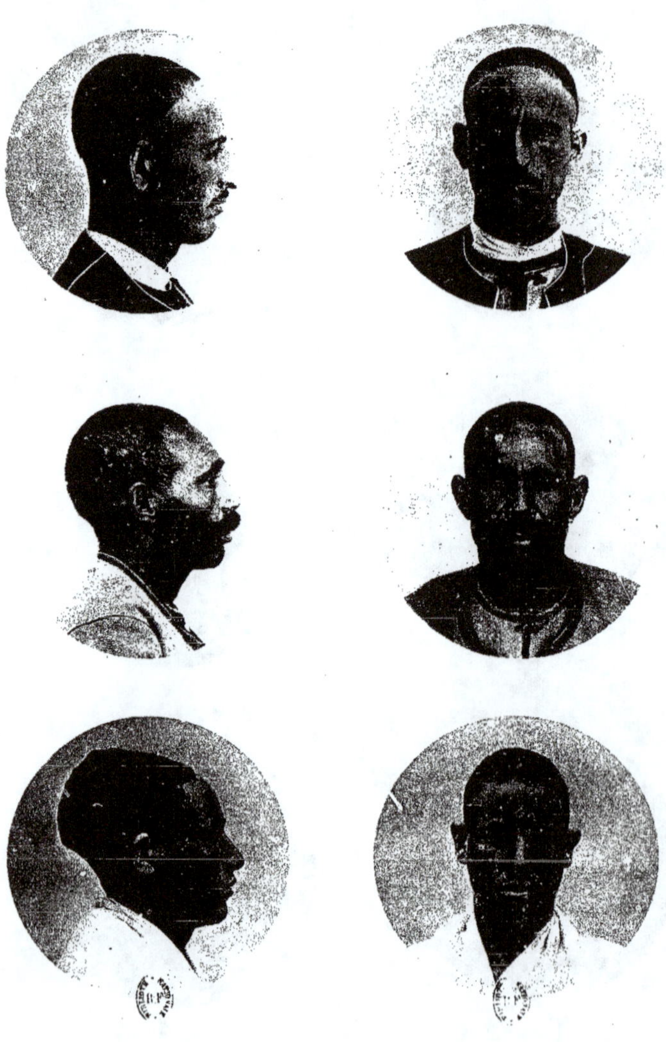

PLANCHE XV

PLANCHE XVI

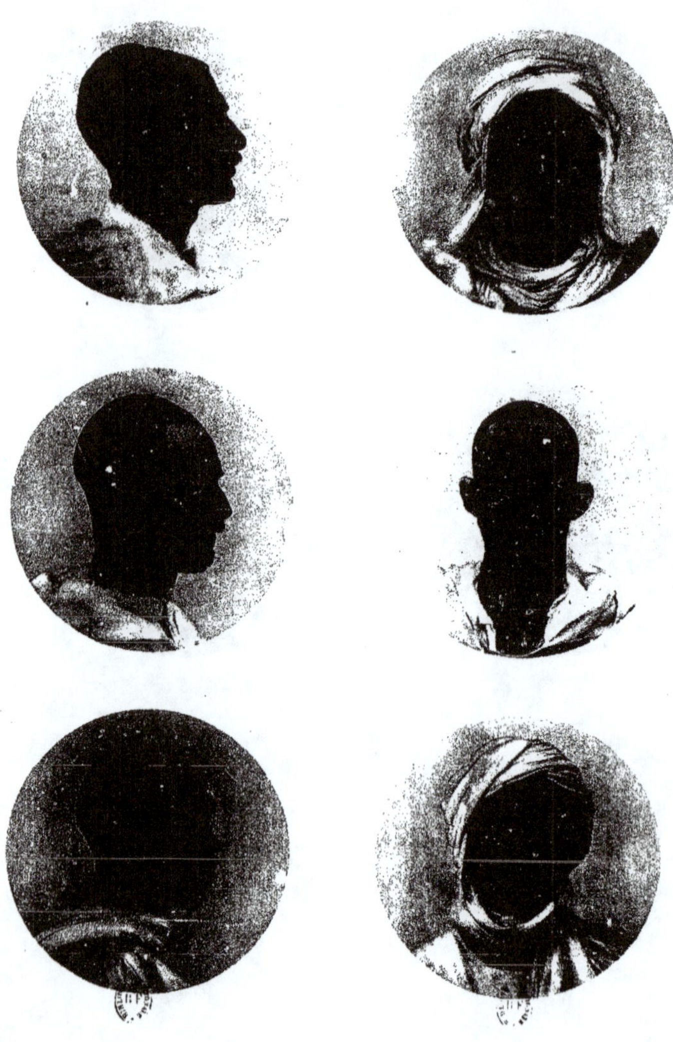

PLANCHE XVII

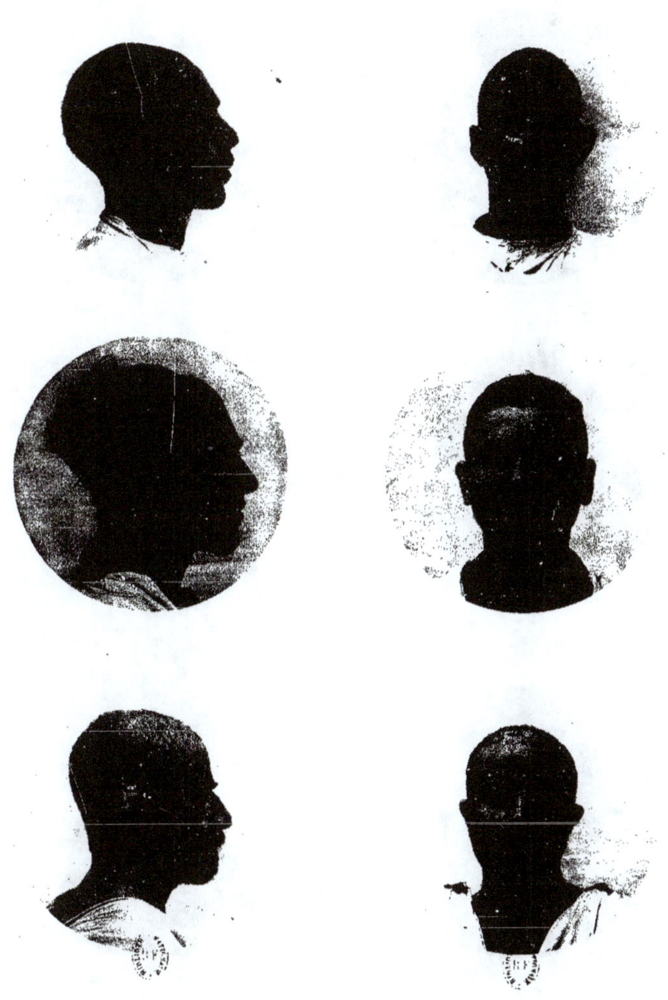

PLANCHE XVIII

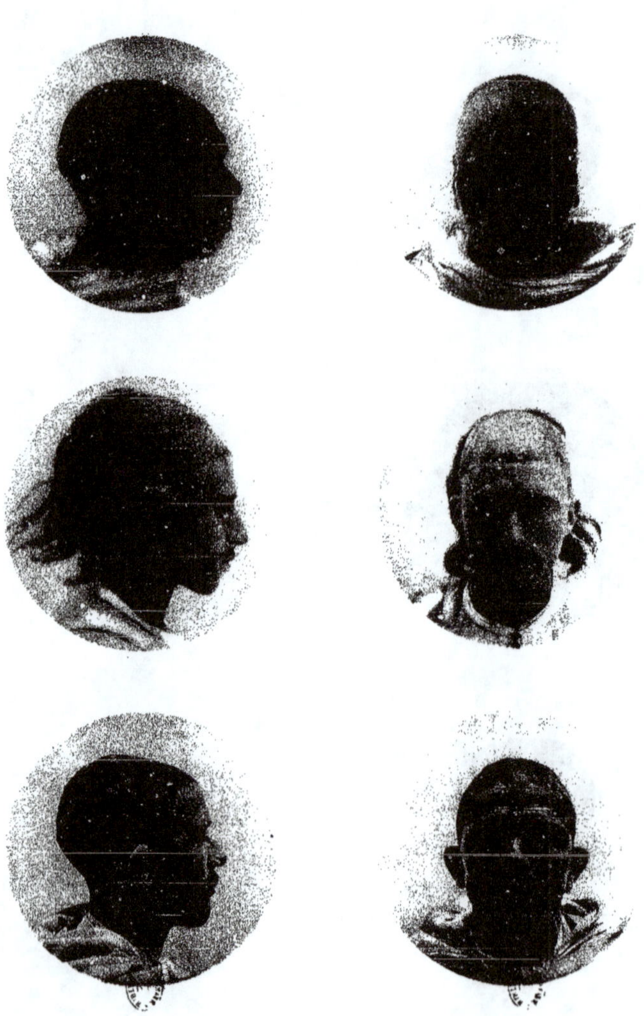

PLANCHE XIX

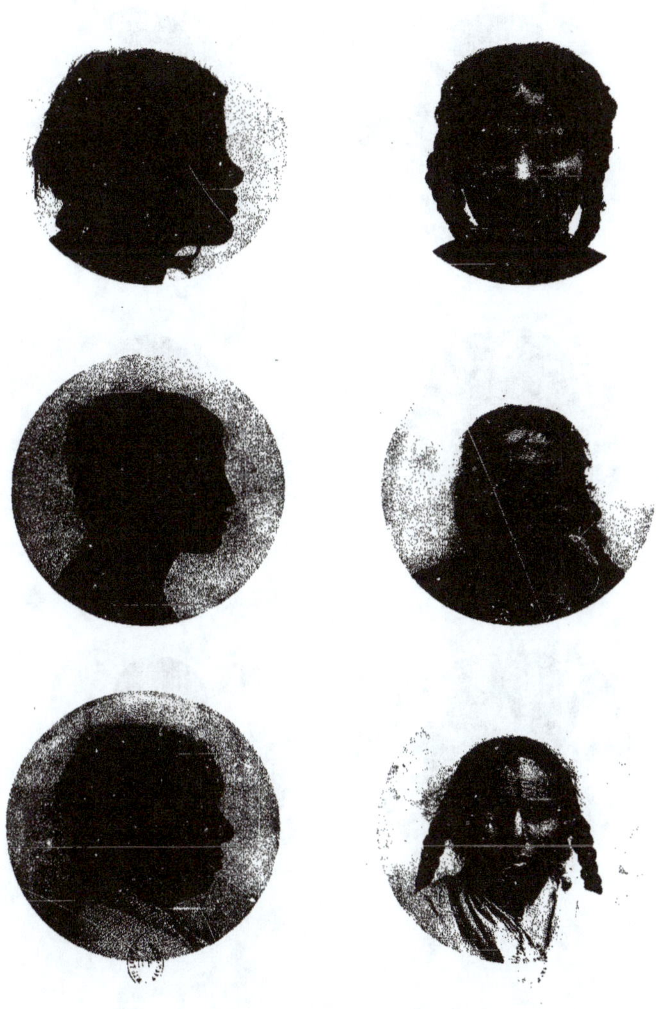

PLANCHE XX

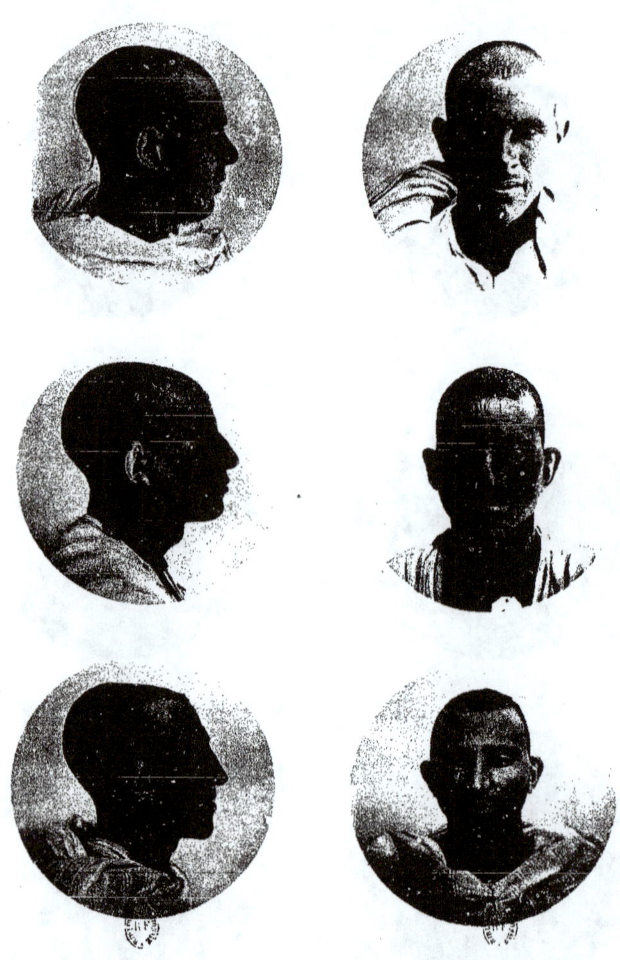

PLANCHE XXI

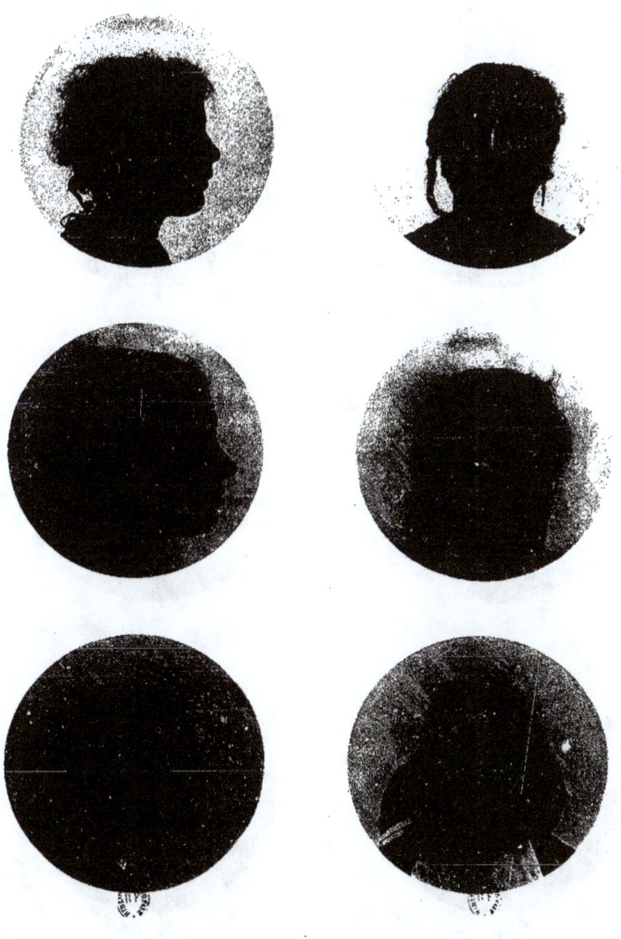

PLANCHE XXII

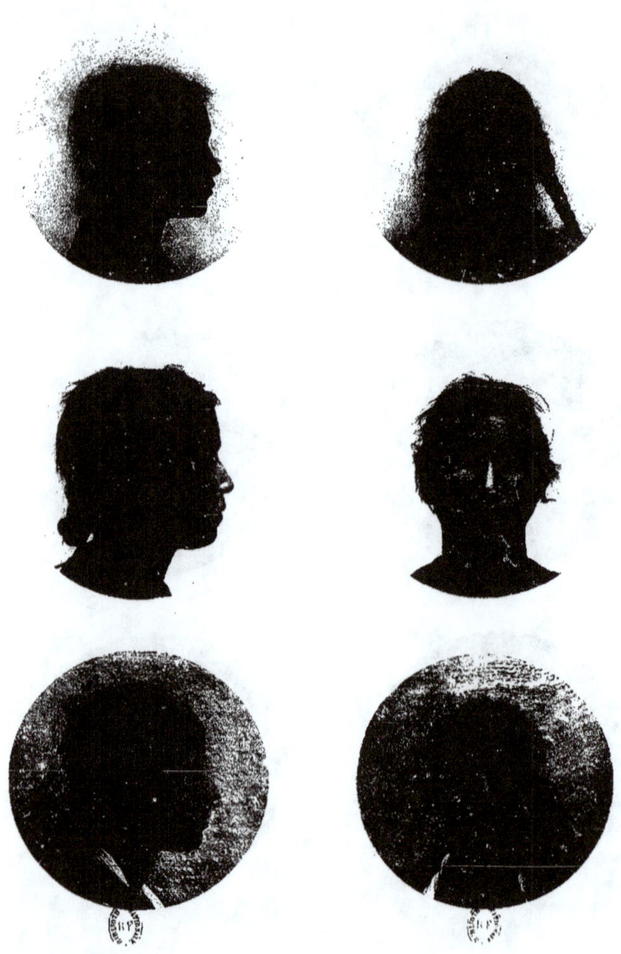

PLANCHE XXIII

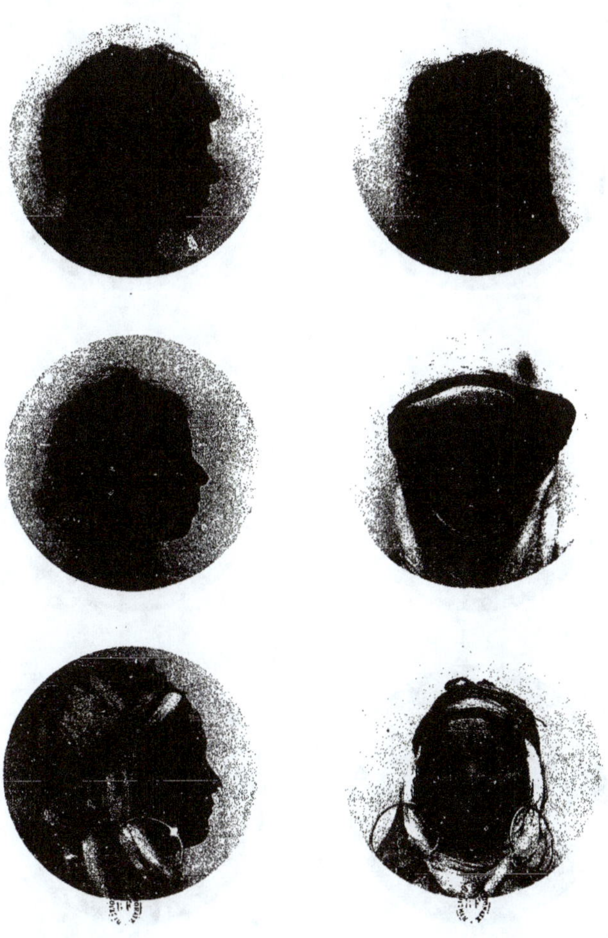

PLANCHE XXIV

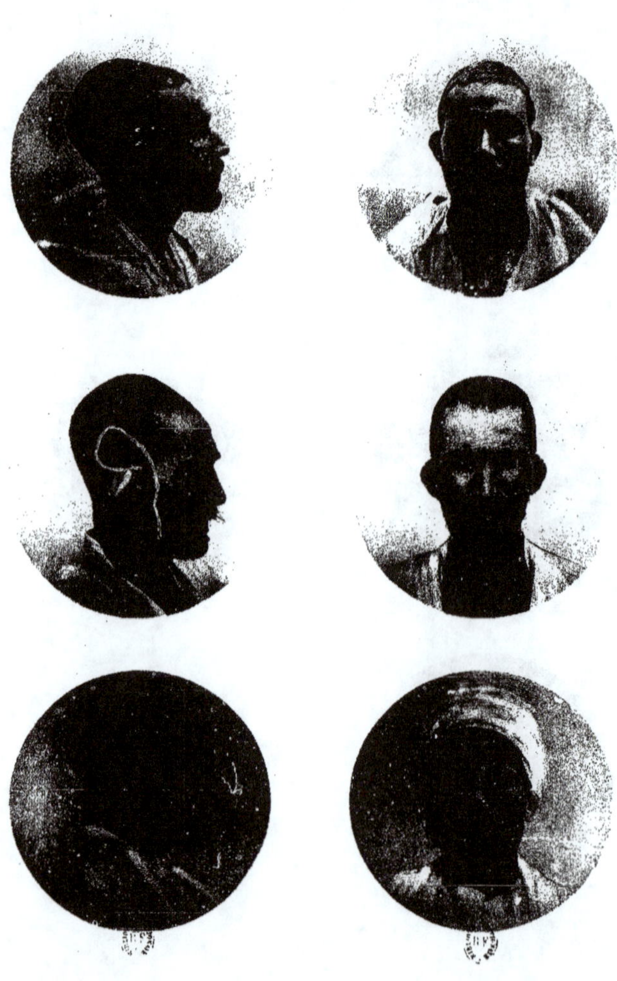

PLANCHE XXV

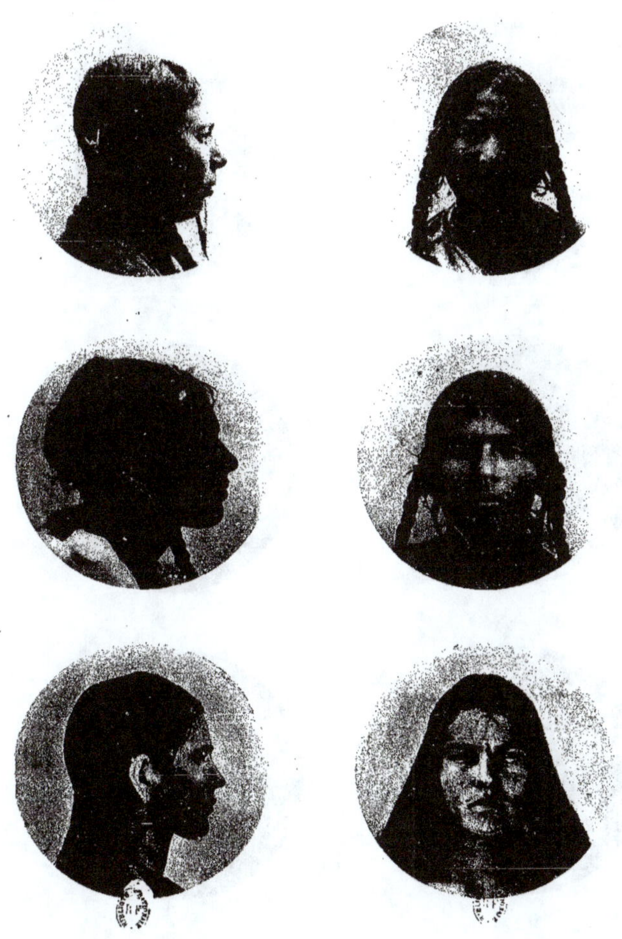

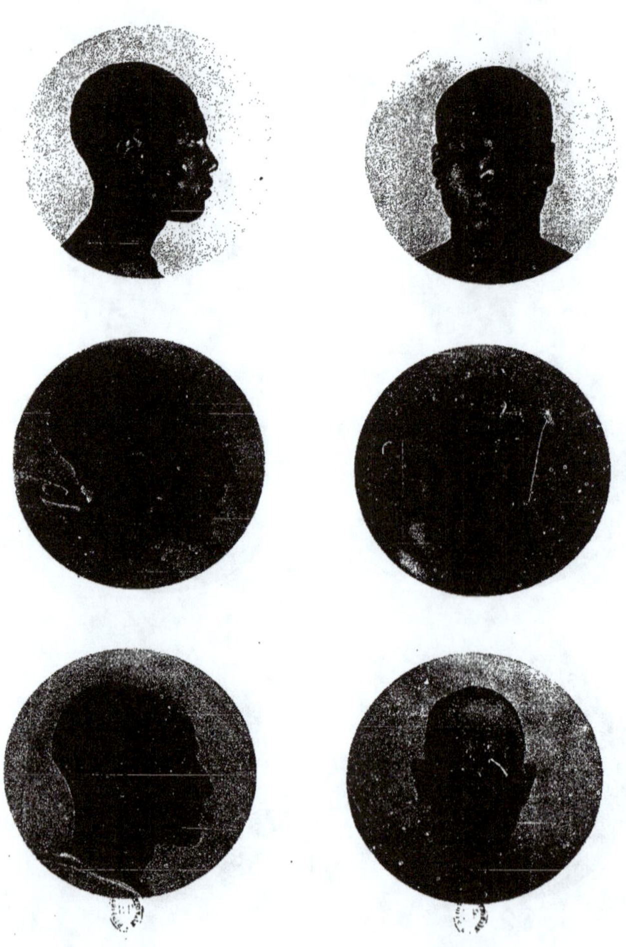

PLANCHE XXVII

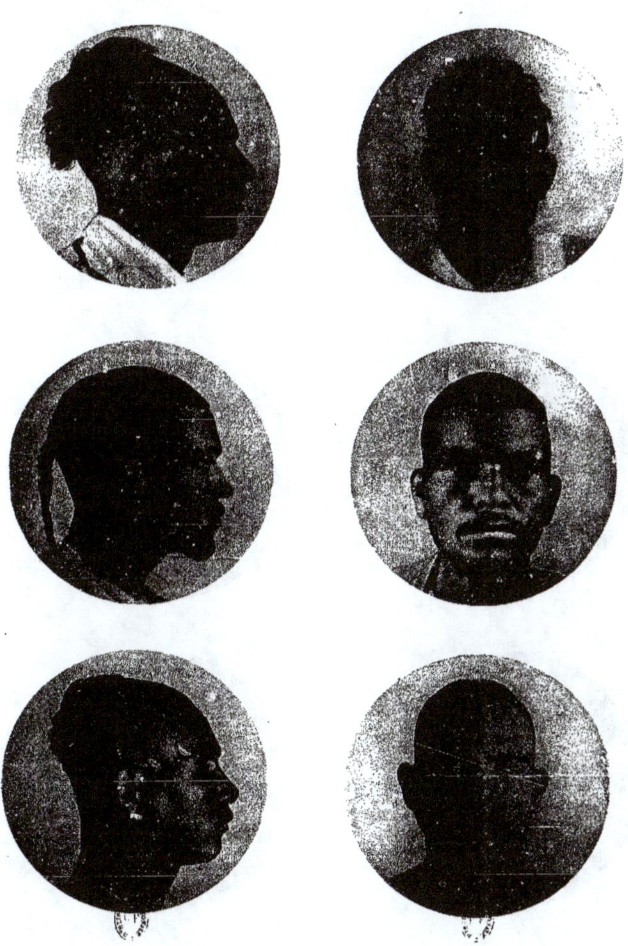

PLANCHE XXVIII

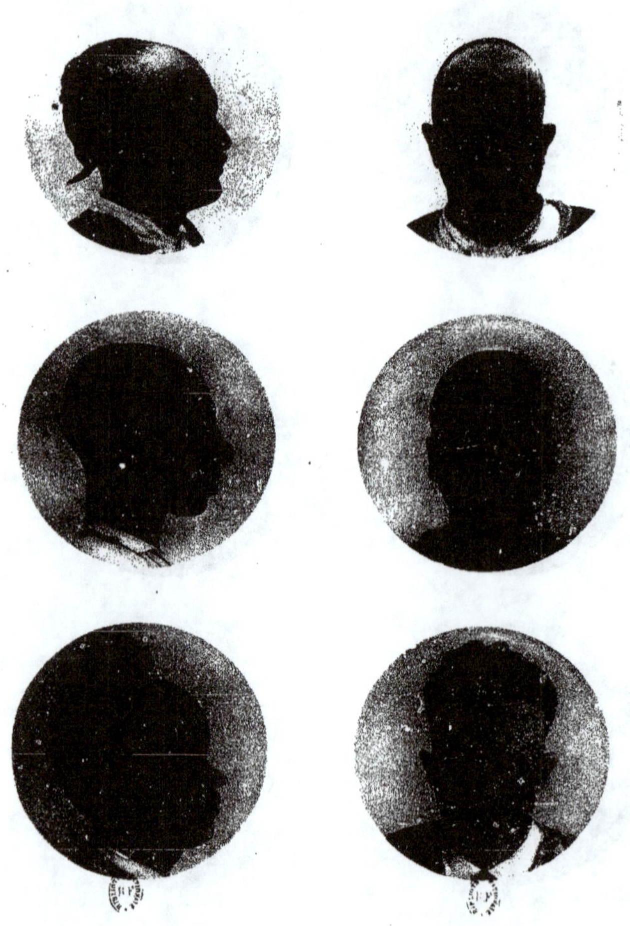

PLANCHE XXIX

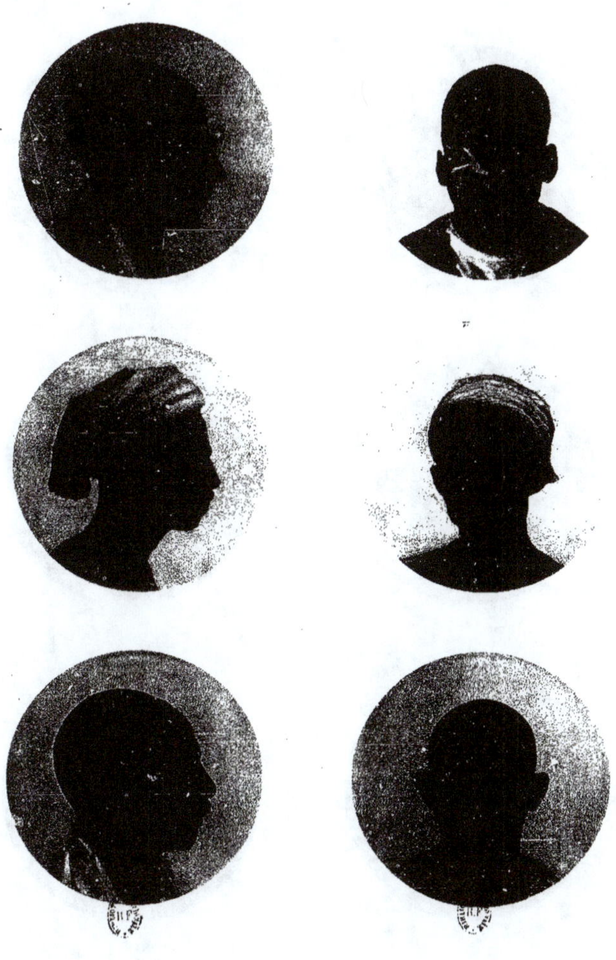

PLANCHE XXX

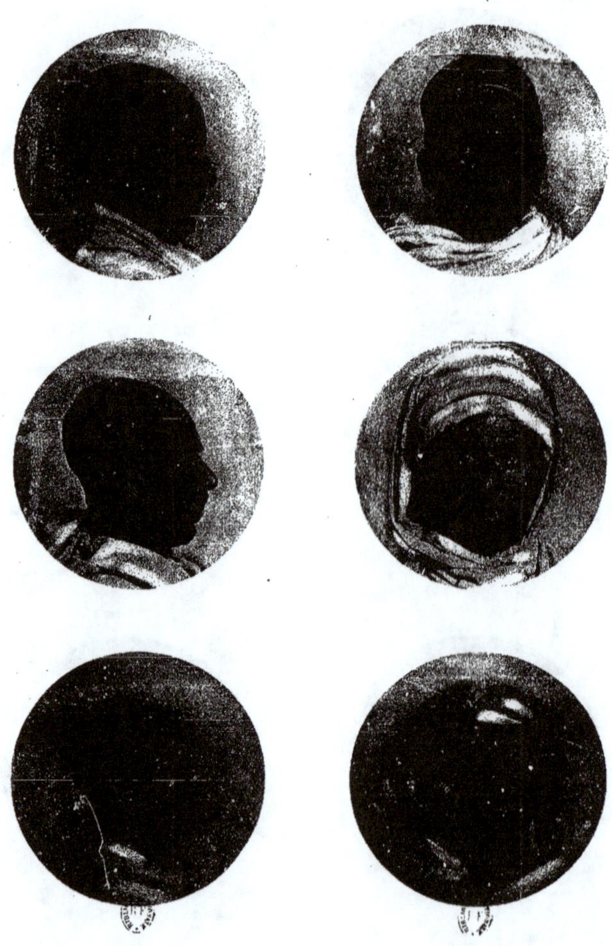

PLANCHE XXXI

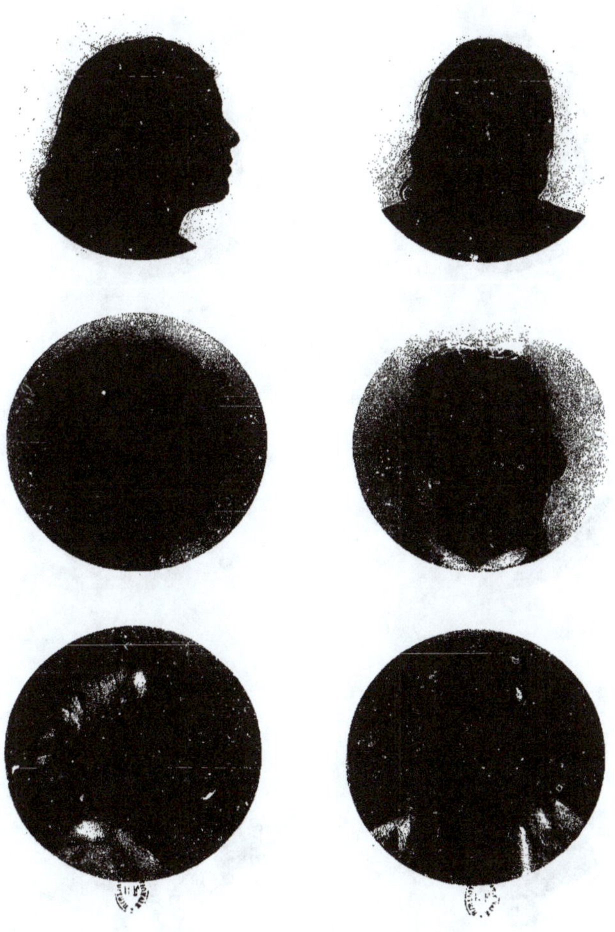

PLANCHE XXXII

PLANCHE XXXIII

PLANCHE XXXIV

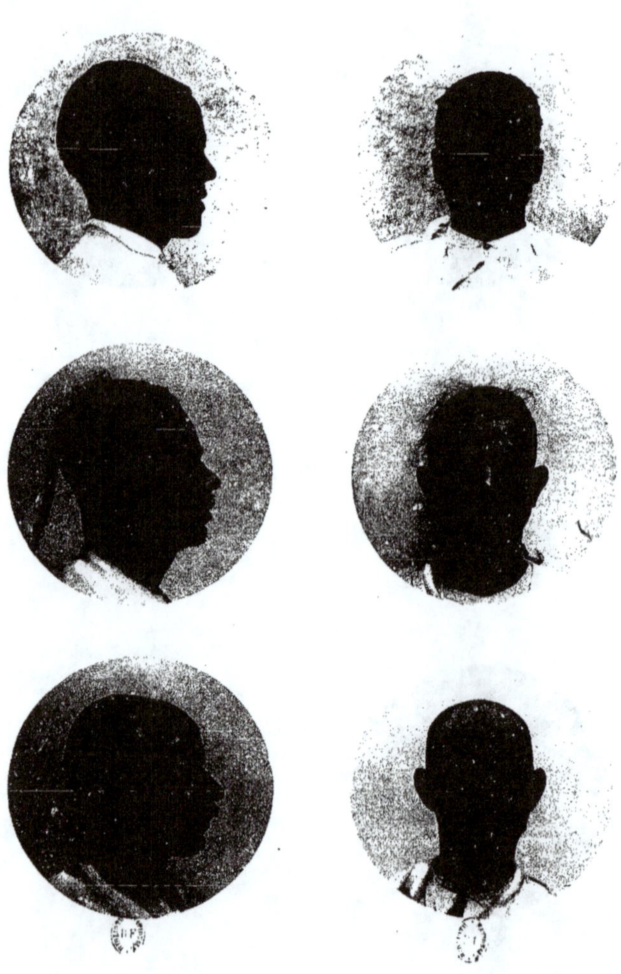

PLANCHE XXXV

PLANCHE XXXVI

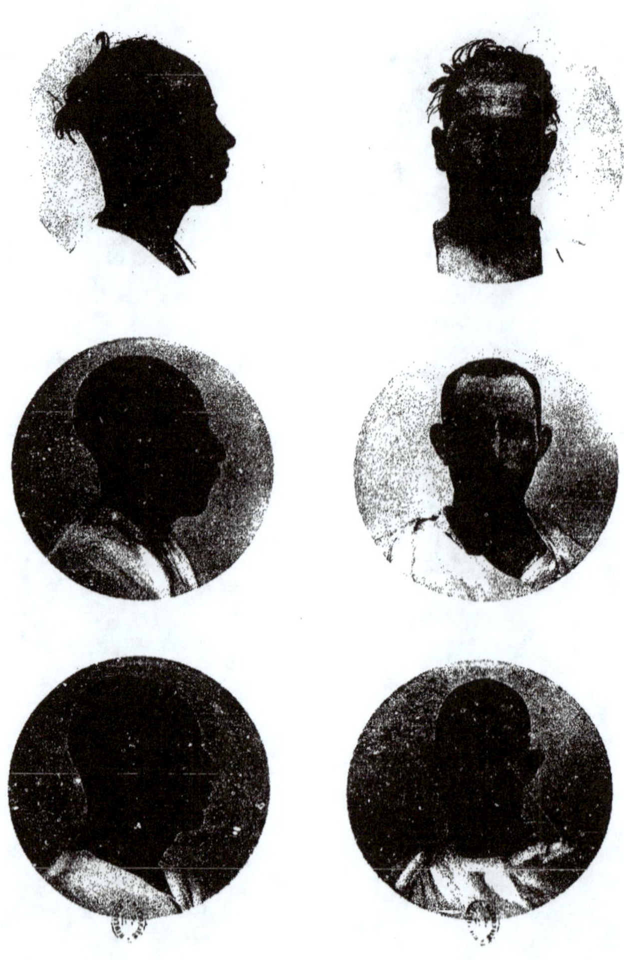

PLANCHE XXXVII

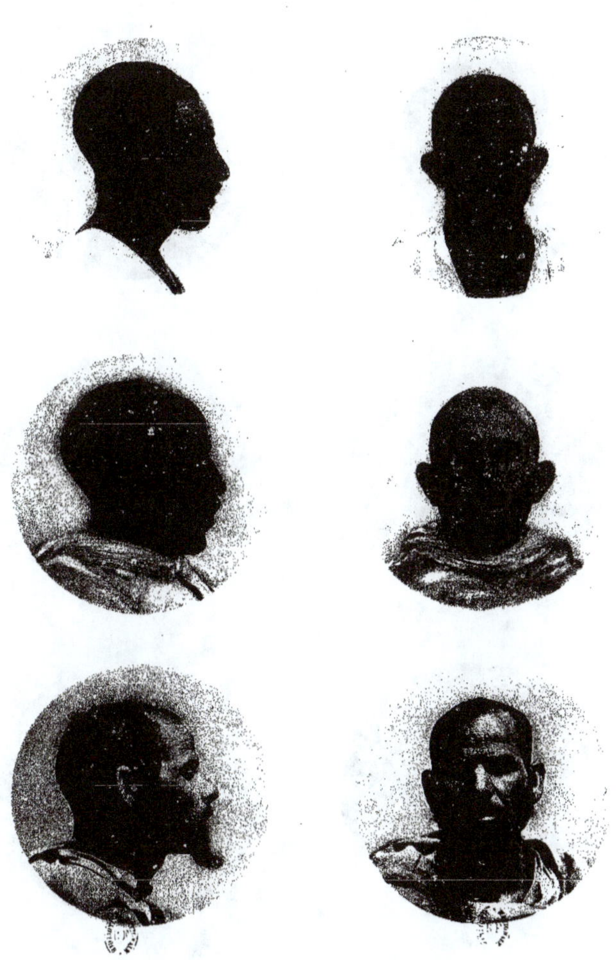

PLANCHE XXXVIII

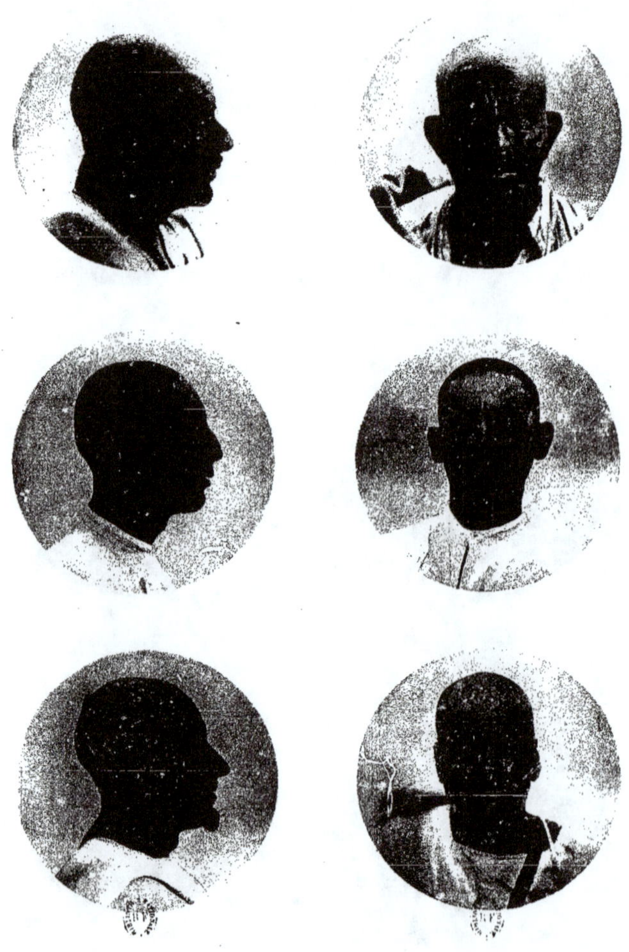

PLANCHE XXXIX

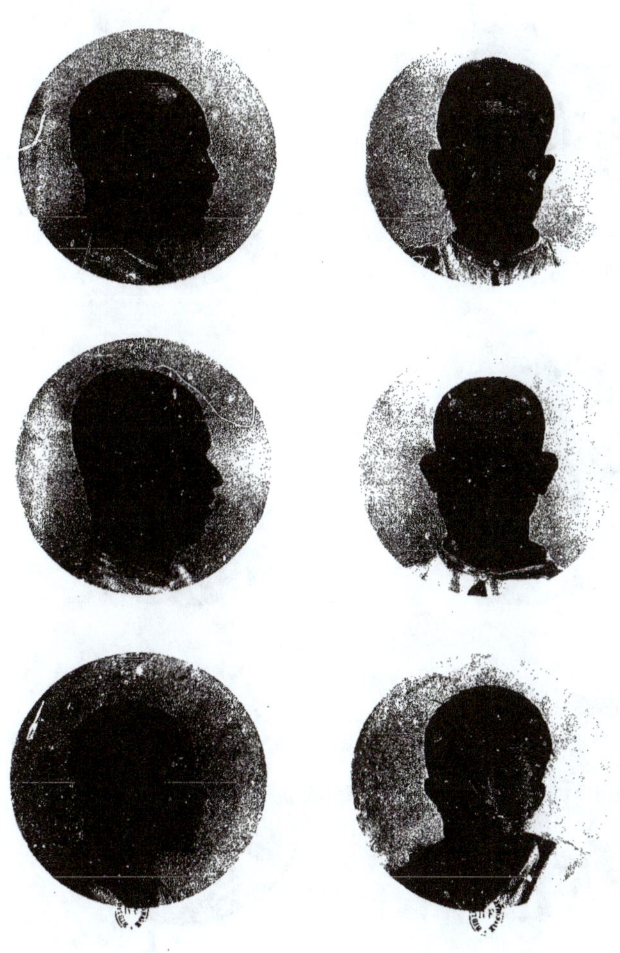

PLANCHE XL

PLANCHE XLI

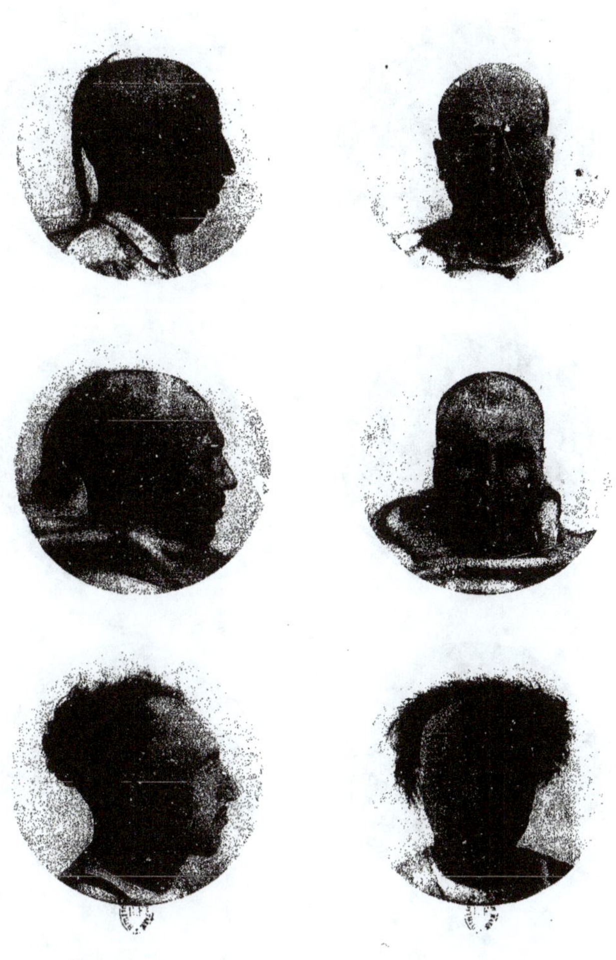

PLANCHE XLII

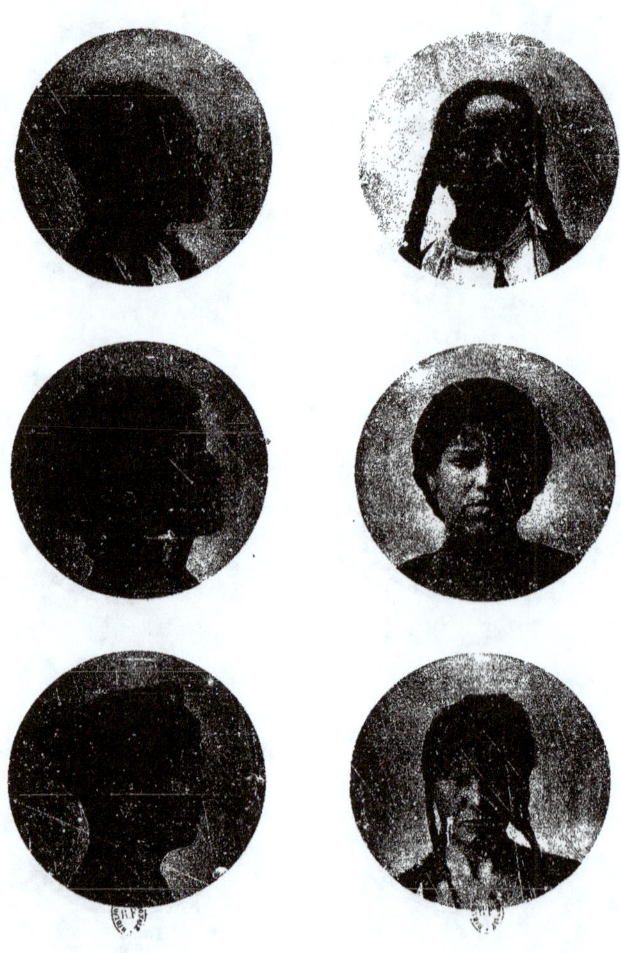

PLANCHE XLII[bis]

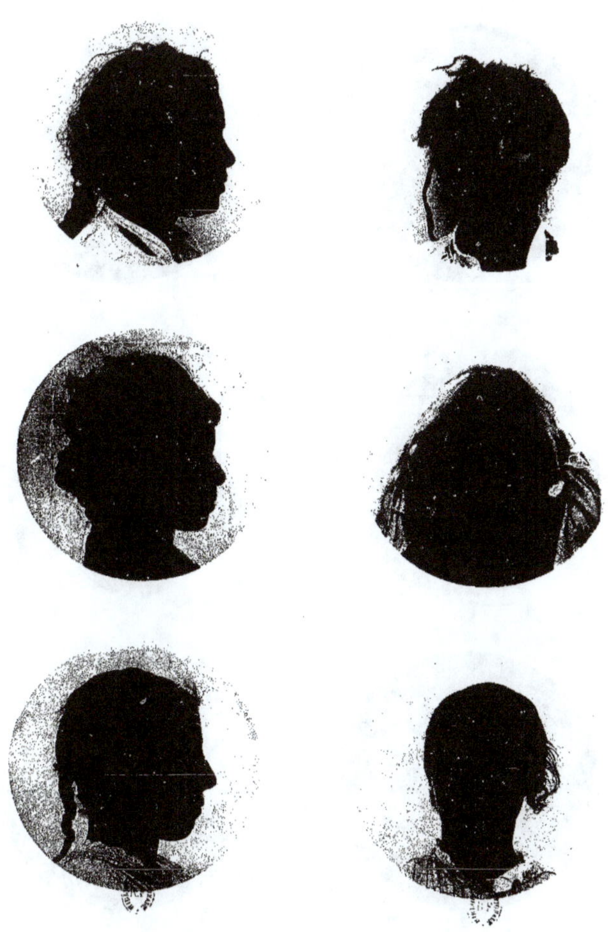

PLANCHE XLIII

PLANCHE XLIV

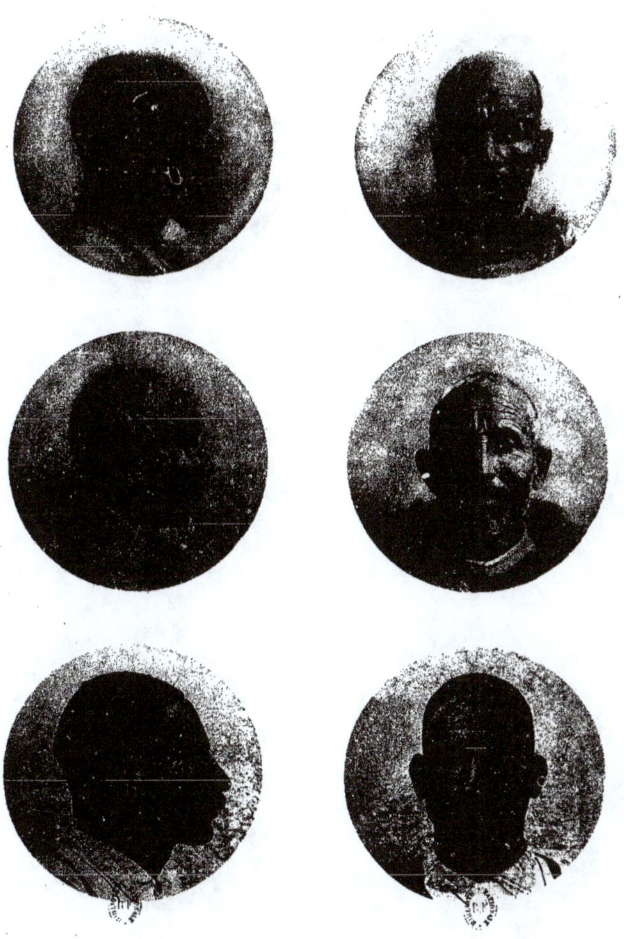

PLANCHE XLV

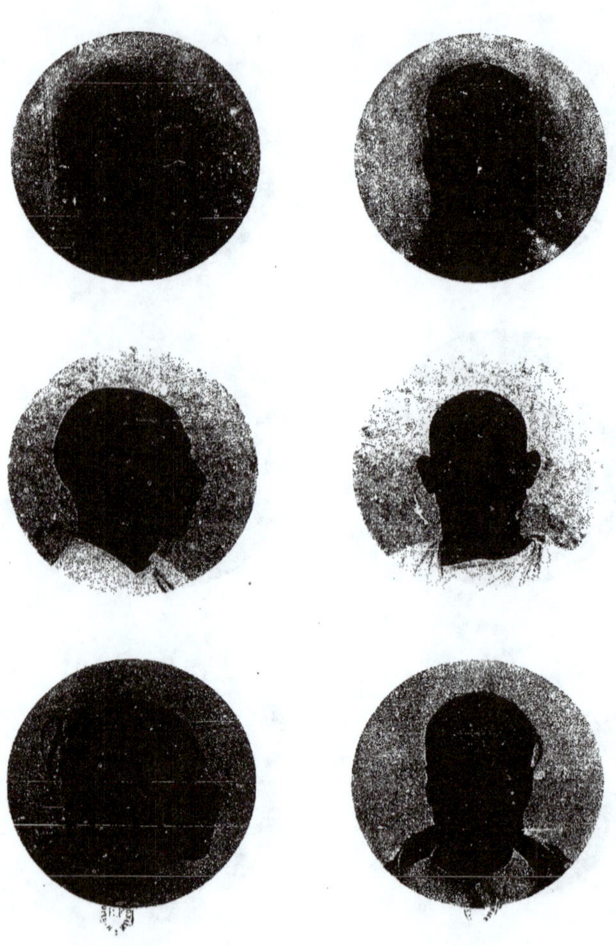

PLANCHE XLVI

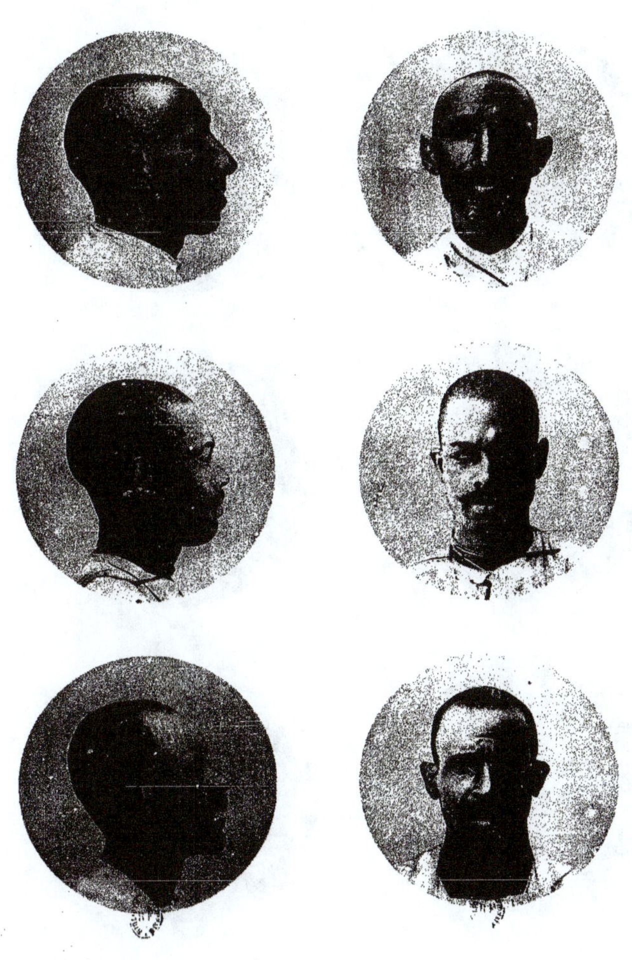

PLANCHE XLVII

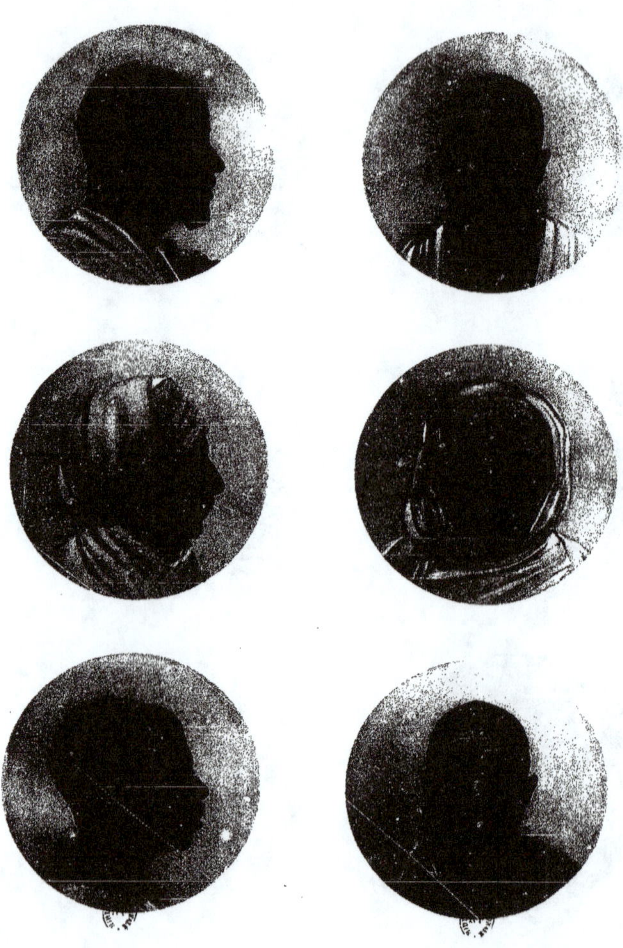

PLANCHE XLVIII

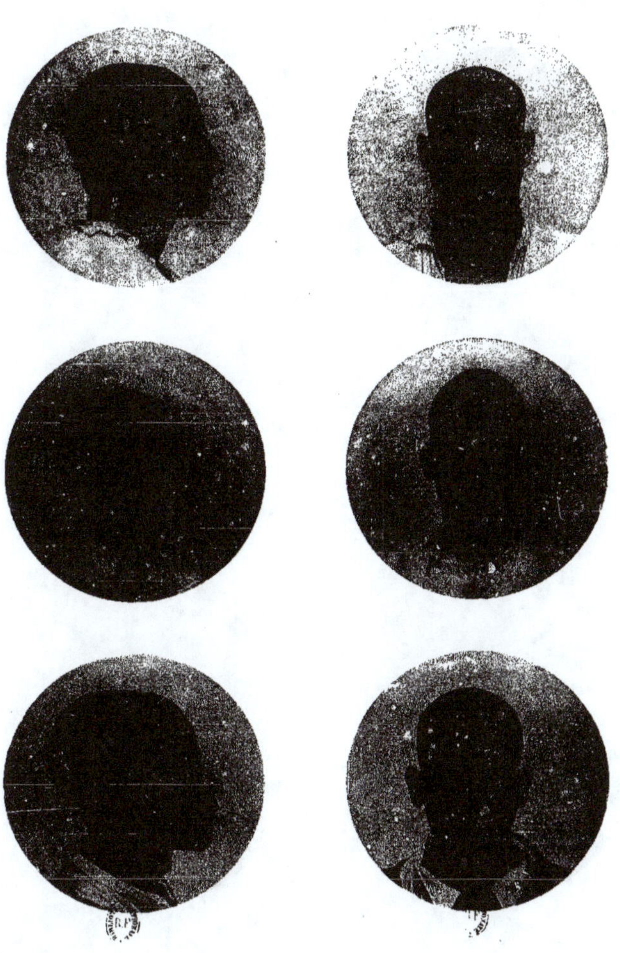

PLANCHE XLIX

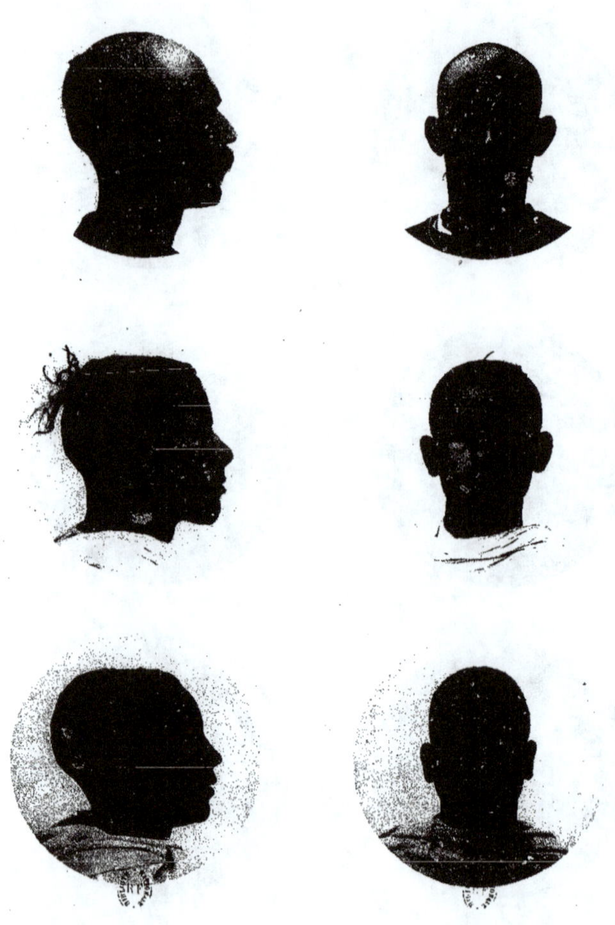

PLANCHE L

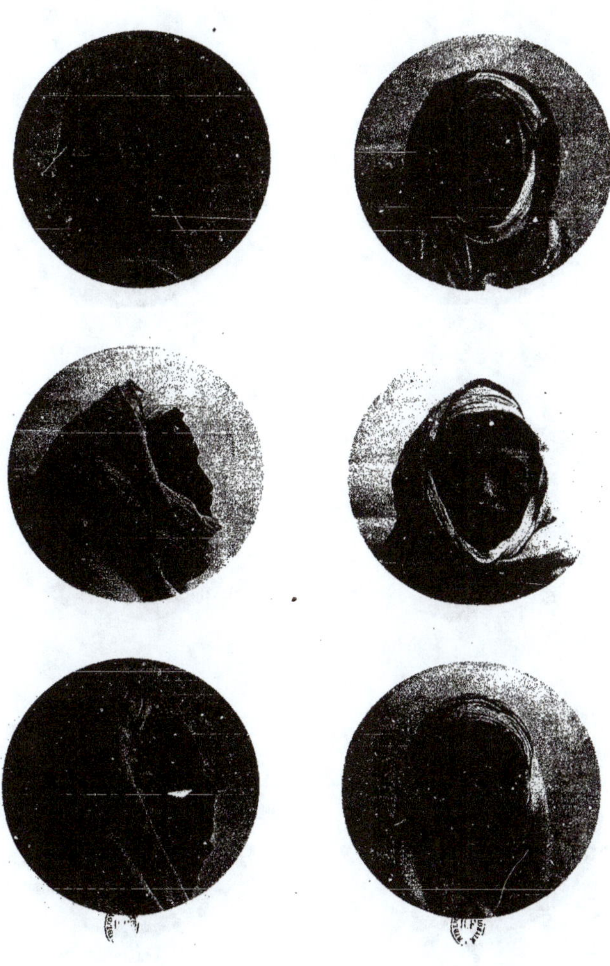

PLANCHE LI

PLANCHE LII

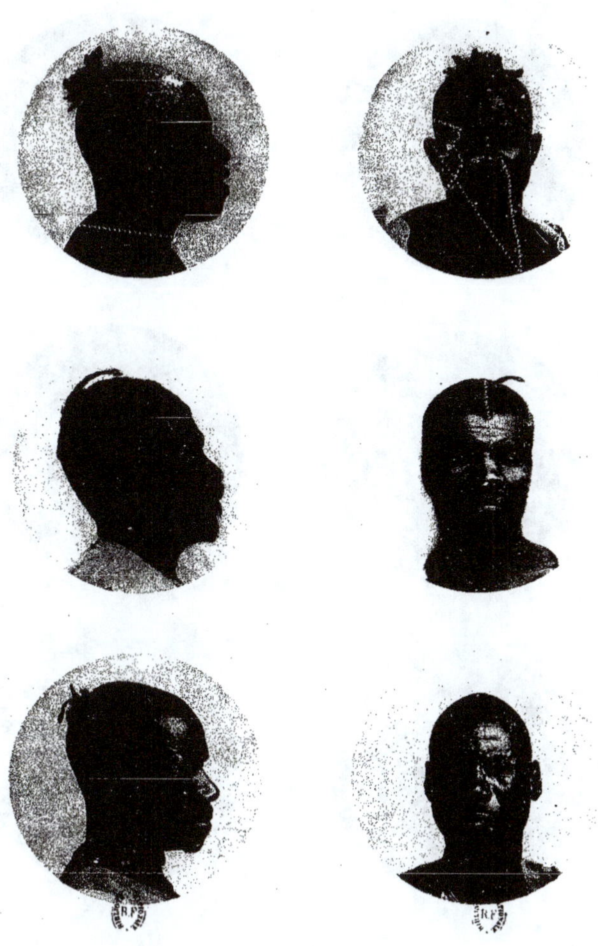

PLANCHE LIII

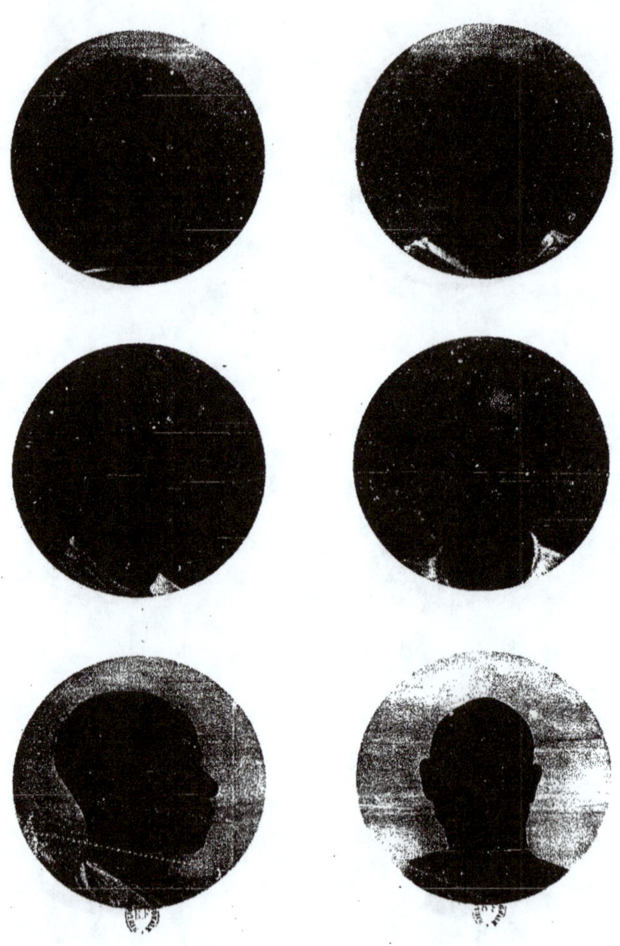

PLANCHE LIV

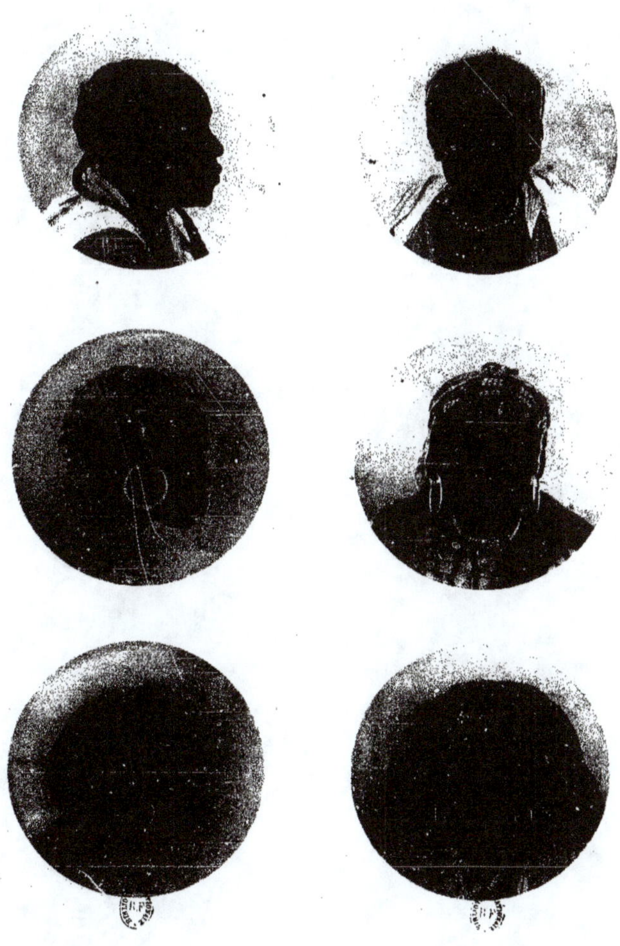

PLANCHE LV

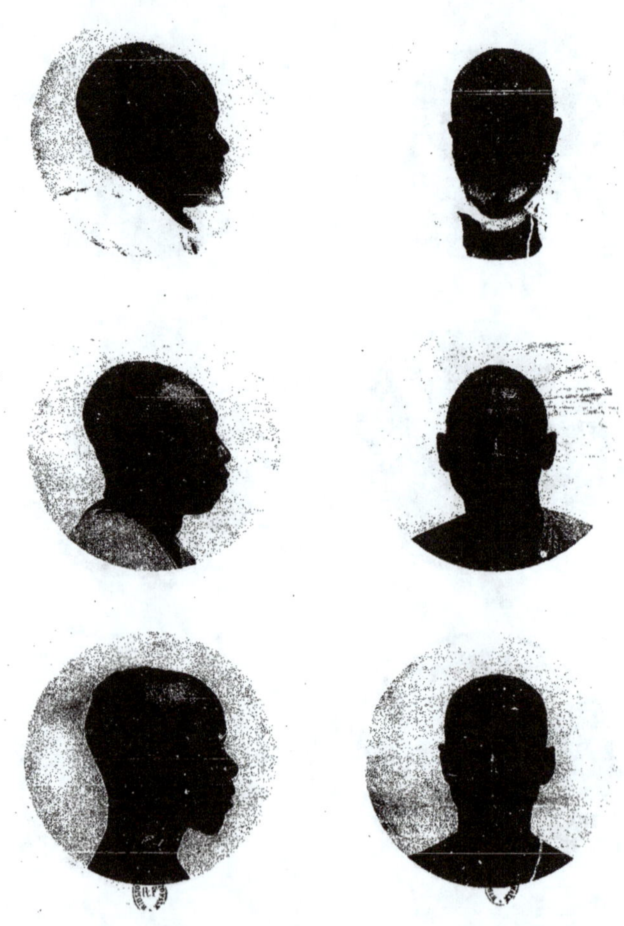

PLANCHE LVI

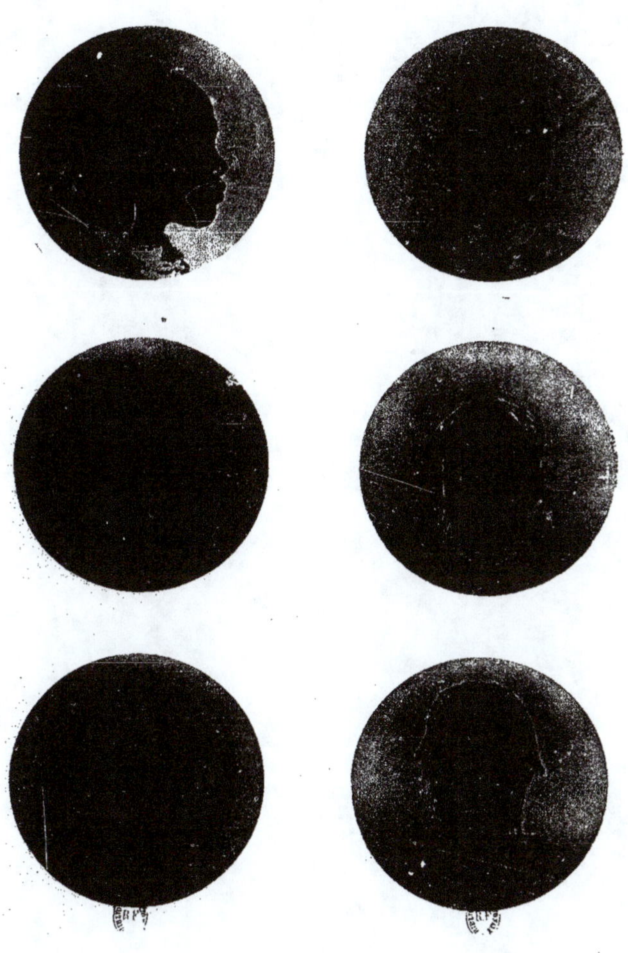

PLANCHE LVII

www.ingramcontent.com/pod-product-compliance
Lightning Source LLC
Chambersburg PA
CBHW061307060726
47596CB00002B/800